明
室
Lucida

照 亮 阅 读 的 人

**How to Read
Nietzsche**

如何阅读尼采

[英]基思·安塞尔-皮尔逊 著　　汪丽 译

北京联合出版公司

图书在版编目（CIP）数据

如何阅读尼采 /（英）基思·安塞尔－皮尔逊著；汪丽译 . —北京：北京联合出版公司，2021.10（2023.5 重印）
ISBN 978-7-5596-5527-1

Ⅰ . ①如… Ⅱ . ①基… ②汪… Ⅲ . ①尼采 (Nietzsche, Friedrich Wilhelm 1844-1900) －哲学思想－研究 Ⅳ . ① B516.47

中国版本图书馆 CIP 数据核字 (2021) 第 176095 号

How to Read Nietzsche Copyright © 2005 by Keith Ansell-Pearson
Originally published in English by Granta Publications
Simplified Chinese edition copyright © 2021 by Shanghai Lucidabooks Co., Ltd.
All rights reserved

北京市版权局著作权合同登记号：01-2021-4839

如何阅读尼采

作　　者：[英] 基思·安塞尔－皮尔逊
译　　者：汪　丽
出 品 人：赵红仕
策划机构：明　室
策划编辑：赵　磊
责任编辑：龚　将
特约编辑：孙皖豫
装帧设计：山川制本 @Cincel

北京联合出版公司出版
（北京市西城区德外大街 83 号楼 9 层　100088）
北京联合天畅文化传播公司发行
北京市十月印刷有限公司印刷　新华书店经销
字数 110 千字　787 毫米 ×1092 毫米　1/32　7.5 印张
2021 年 10 月第 1 版　2023 年 5 月第 2 次印刷
ISBN 978-7-5596-5527-1
定价：46.00 元

版权所有，侵权必究
未经许可，不得以任何方式复制或抄袭本书部分或全部内容
本书若有质量问题，请与本公司图书销售中心联系调换。
电话：(010) 64258472-800

献给我深爱的尼克

丛书主编寄语
该如何阅读"如何阅读"?

　　本系列丛书的策划基于一个非常简单但新颖的想法。大多数为入门者提供的关于伟大思想家和作家的导读性作品,要么只是讲述这些人从出生到死亡的生平传记,要么就是关于其主要著作的简介合集,或者二者兼而有之。"如何阅读"系列丛书的做法则恰恰相反;这套丛书会以专家指导的方式,带着读者去直面作品本身。这套丛书的出发点在于,为了接近一位作家的思想,读者必须接近他们使用的文字,并且被告知将如何读懂这些文字。

　　在某种程度上,该丛书中的每一本都是阅读上的一堂专家评讲课。每位作者都从作家的作品中精心挑选了十段左右的摘录，并以详尽的方式进行研习。丛书作者以这种方式来展现作家们的中心思想，也以此打开了进入其思想世界的大门。这些摘录有时会以时间顺序编排，让读者依照时间脉络去了解思想家的思想发展历程；而作者有时也会打破这种编排方式。这套丛书不是对某位作家最为著名的段落、"最为成功的观点"进行简单的合编，而是提供了一系列线索或钥匙，使读者凭借它们便可以自己继续阅读和钻研，并拥有自己的发现。除去文本和阅读材料，每本书还会提供一张简短的年表，并推荐一些进阶阅读的书目和网络资源等。"如何阅读"系列丛书无意告诉读者有关弗洛伊德、尼采、达尔文，或是莎士比亚或萨德侯爵的一切，但一定会为读者的进一步探索提供最好的起点。

对于那些伟大的思想，它们早已为我们勾勒出了一大片智识、文化、宗教、政治和科学方面的图景，现在市面上已经有很多对它们进行研究的二手材料了。但"如何阅读"系列丛书却有着与它们不同的做法，该系列丛书提供一系列与这些伟大思想发生碰撞的新机遇。因此，我们希望这套书可以在指引读者的同时不失趣味，让大家在阅读时充满信心、欢欣鼓舞，同时还要享受阅读。

西蒙·克里奇利
纽约社会研究新学院

夏开伟　译

致 谢

感谢主编西蒙·克里奇利邀我为"如何阅读"系列撰写《如何阅读尼采》这本书，一并感谢邓肯·拉格，允许我使用他现今已臻权威标准的尼采年表，并在他的基础上稍作修改。格兰塔出版社的乔治·米勒和贝拉·尚德两位编辑，在本书的成书过程中都有宝贵的付出，我想在此对他们表示深深的谢意。还要特别感谢我在华威大学的同事——迈克尔·贝尔，他关于"救赎"主题的深刻洞见，对我很有启发，我将其放在了本书第八章的探讨当中。

涉及本书所引用内容的版权方面，在此谨向以下出版社一并致谢：

感谢剑桥大学出版社：引用部分来自《悲剧的诞生及其他文章》，罗纳德·斯皮尔斯译（1999）；《快乐的科学》，约瑟费恩·劳克霍夫译（2001）；《人性的，太人性的》（共两卷），R.J. 霍林戴尔译（1986）；《论道德的谱系》，卡罗尔·迪特译（1994）。

感谢企鹅出版社：引用部分主要来自R.J. 霍林戴尔翻译的《查拉图斯特拉如是说》（1961）以及《瞧，这个人》（1992）。

另望读者知悉，全书中引用部分提到的数字，皆指以上书本中格言出现的标码和章节编号，而不是指本书中的页码。

宇宙必须被重新劈开；要尊重未认识到的宇宙；我们给予未知的一切和宇宙中的一切事物，都必须被重新拿回来审视，并归还给于我们而言最切近的东西，即属于我们自身的东西。康德说过，"有两件事永远值得人们钦佩和敬畏"（即，头顶上方的星空和人类内心的道德法则）——而今天，我们则应该这样说："消化更值得人们尊敬。"这个宇宙总会带来与之相切的一些古老问题，比如，"邪恶怎么可能会被允许存在？"之类。因此，我得出的结论就是：宇宙根本不存在。

——尼采，1886—1887

要想探索现代人灵魂的全部，你就必须坐在它的每个隐秘角落里进行观望——审视我们的欲望野心、我们的苦痛折磨，以及我们的幸福。

——尼采，1887

目 录

导 言 001

第一章 存在之恐怖 011

第二章 人性的,太人性的 027

第三章 尼采的愉悦感 045

第四章 论真理与知识 061

第五章 论记忆与遗忘 079

第六章 生活是女人,或曰,是至美 095

第七章 至重 113

第八章 超人 131

第九章 虚无主义与虚无意志 153

第十章 瞧,这个人 171

附　录　191

注　释　195

年　表　199

进阶阅读建议　205

索　引　217

导 言

自 1900 年去世以来,尼采受到了人们极大的关注,围绕着他作品的争议也始终不绝。为什么在今天我们还要继续阅读尼采?我想,有两个主要原因。首先,尼采的著作是我们在哲学史上能够发现的最为精美绝伦的作品,并且他至今仍然是一种鼓舞人心的典型,拥有真正独立的哲学精神。他的作品一直在启发我们,让我们以富有挑战且常常是令人振奋的方式来思考。第二个原因则是,尼采仍然是现代最伟大的哲学教育家之一。他以极富启发性的方式揭示了当代哲学推理中的一些基本困境——甚或是一些陷阱,从这一方面而言,他自己的思想也概莫能外,仍受其束缚。

人们之所以被哲学家吸引，并不是因为全然同意他所提出的每一个观点。就我自己而言，在与尼采持续进行的长达20多年的研究交涉中，我总是会与他的思想不断地发生较量。我所知晓的严肃评论者们，没有人不对尼采的思想保有一定的批判性立场，也没有人不会发现尼采的思想有些方面其实是颇有问题和令人忧虑的。"二战"以后，尼采的英语翻译者和评论家沃尔特·考夫曼或许可以给我们提供一个典型的例子。考夫曼毕生致力于翻译尼采，试图纠正纳粹主义所营造出来的尼采形象，并将他译介到英语世界。他的研究工作启发了整整一代学者，尤其是那些在北美开展研究工作的学者。但是，他不是一位尼采主义者（Nietzschean）。的确，成为尼采主义者究竟意味着什么，目前还尚不明晰。作为"二战"后杰出的知识分子之一，米歇尔·福柯曾反对这样一个观点，即存在着某个单一的或中心简明式的尼采主义（比如，已故的英国哲学家伯纳德·威廉斯就支持此种观点）。福柯认为，正确的问题应该是："尼采需要被我们严肃对待吗？"然而，尽管我们说没有单一的所谓尼采主义（Nietzscheanism），但尼采的确给我们现代人布置了一系列新颖的哲学难题，例如，去实践"快乐的科学"并培养一种哲学上的"愉悦感"，以及解决虚无主义的难题，并以新的方式来构想过好生活的艺术和科学方法（这也是超人的义务）。我认为，积极理解这些任务并知晓如何去衡量它们，是向初识尼采的读者朋友介绍尼采思想的最佳方法。这也是我在这本简短的导读手册中试图去做的。

尼采接受过语文学（philology）的系统训练，即从历史和比较学方面研究语言（philologia，意指对学习和文字的热爱）。作为一名古典语文学教授，尼采专长于对古希腊文学和哲学著作文本方面的研究。尽管尼采经常批评语文学学科上的经院哲学派头和学究之风，但这门学科对阅读和阐释艺术的重视，还是深深地影响和形塑了他自己的著作。他不断强调知道如何好好阅读的价值。风格之于尼采，就是发现书写中的表达方式，看看是否能通过此种表达方式，将作者的各种心理状态都呈现和传达给读者。他以此种不合时宜或不太时髦的方式展现自己，称自己是"慢速之友"（a friend of slowness，德语中为 lento），是教人们进行"慢读"的老师。当代社会是一个注重快捷的社会，它不再重视慢工出细活，而是设法去匆匆地完成一切。而语文学，可以说恰是一种受人尊敬的古老艺术，它要求其从业者花费时间，以便变得平静和从容。最为重要的是，它是一门教人如何进行良好阅读的艺术，主要方式包括进行缓慢而深入的阅读，只有借助于此，人们才能以一种特定的细致方式进行观看和审视：小心谨慎地阅读，细致入微地观察，"带有无限可能地去洞开阅读之门"，并"学会用敏锐的眼睛和温柔的手指去审视和翻阅"。尼采认为，阅读应该成为一门艺术，这门艺术需要人们不断地进行反刍。于是，尼采强调，当一条格言仅仅被人们读出来时，并不能表示它已经得到了破译、为人们所理解；相反，人们还需要阐释（interpretation）或注释（exegesis）的艺术来发挥效用。在这本导读手册中，我将重点关注尼采的文本话语，这是我对他的思想进行阐释的基础。既然我们面对的是这样一位哲学家，他要求他的读者学会很好地解读他的著作，那么，文本细读的价值将是不言而喻的。

尼采的写作风格多样，既有简短的箴言、稍长的格言，也有论说文形式，还有酒神颂的赞歌（dithyramb，即热情洋溢或夸张的诗歌体）。尼采使用格言体，并非想要达到某种特定的目的或别有用意，在他的著作中，人们也可以找到多种类型的格言文体，从单个句子到扩展的反思，甚至在某些时候，还包括了小篇幅的论说文章。格言体的存在，必有其存在的诸多理由。"格言"这个词，首次出现于《希波克拉底全集》中，它是以公元前5世纪的一个医师——希波克拉底来命名的文集，该文集中载有关于如何好好生活和拥有健康体魄的内容与建议。尼采的写作无疑延续了这种格言形式的最原始用意，而且，此种形式也形塑了他的哲学实践观念（他曾经称自己是一名文化医师）。格言之于思想，正如人生逸事之于人生，让人学习如何将其融入生活。格言的作用在于，它通过使我们对生活中习以为常和熟悉的事物产生陌生感，来检验人们理智的边界。实际上，这个词的词源学定义可以追溯到希腊语中的"aphorismos"，其中包含有"地平线/视野"之意的"horos"一词（对应英文中的horizon）。由此可见，与界限和地平线/视野等的交涉协商，一直在尼采的思想中起着重要的作用。所以，这本导读手册选取了一些尼采的格言和章节段落，其目的便是想要读者对尼采所关心的基本哲学问题有一定程度的了解。

我们通常将尼采的写作分为三个不同的时期：早期（1872—1876）、中期（1878—1882及1883—1885）和晚期（1885—1888）创作。第一时期的创作始于1872年出版的《悲剧的诞生》，还包括于1873—1875年间写就的四篇"不合时宜的沉思"的论述文（主要内容分别是："论忏悔者和作家大卫·施特劳斯""论历史学对生活的利与弊""论作为教育家的叔本华"，以及"论在拜罗伊特的瓦格纳事件"）。在这些沉思论文中，尼采的任务是论述"艺术家的形而上学思想"，以及指出进行文化革新和文化复兴的一些必要手段。尼采的第二创作阶段作品，主要包括"自由精神三部曲"，分别是《人性的，太人性的》《朝霞》和《快乐的科学》。在这一时期，尼采的任务主要集中在克服形而上学，形成一种新的、较为成熟的哲学观。《查拉图斯特拉如是说》于1883—1885年间出版，这部书起到了连接尼采中期和后期作品的桥梁之效。因为，尼采就是在这本书中宣布，超人（英译为 superman 或 overman）如今将成为这个世界的意义和价值。尼采的后期创作中有许多经典之作，例如，《善恶的彼岸》《论道德的谱系》《偶像的黄昏》《反基督》和《瞧，这个人》等。与"自由精神三部曲"时期的"肯定"（yea-saying）任务有所不同，这后一时期的著作专门致力于尼采所谓的"否定"（nay-saying）任务，包括重估一切价值，并对基督教道德进行严厉的批判。正是在这一系列的后期著作文本中，我们邂逅了尼采思想中最令人难以置信和颇有问题的一些方面。总之，关于这三段时期尼采思想上的发展，其基本特征将会随着本书各章节中主题的开展，而逐渐变得清晰与明朗起来。

在这本导读手册中，我意欲向读者介绍上面提及的三个主要创作时期中尼采著作最为重要的特点，也正是这些特点，使尼采的思想发展别具一格。当然，我可能无法保证做到自己所说的那种研究和解析程度。要写作这样一种类型的尼采导读指南，写作者必须要尝试满足各种各样的需求，然而，真正在书写中能够完成的却十分有限。比如，读者想要了解尼采的主要思想、他私人生活中的某些细节，想要洞察尼采思想的发展，等等。因而，写作者只希望能够做到，在公正对待思想家观点的复杂性之外，还能将其以某种特定方式呈现出来，借以引导读者，并激发他们进行更具挑战性的思考。这本导读尼采的手册共计十章，在本书的写作中，我一方面竭力满足读者各方面的阅读需求，同时忠于自己想要研究的问题和难题，因为正是这些难题，使我自己对哲学的探讨有所贡献，而我的这些贡献，也一直深受尼采思想的影响。

前两章，主要探讨了尼采的哲学思想之开端和随后的发展。第三章，重点在于介绍尼采关于"上帝之死"的基本论断，并由此来深入了解尼采哲学的"愉悦感"的鲜明特色。第四章主要探讨尼采是如何就真理和认识方面来提出一些新颖的问题的。第五章主要讨论了尼采著作中对记忆和遗忘的处理及其具体运作方式。第六章和第七章重点都放在对《快乐的科学》第四卷中的两条格言进行的文本细读上，其中一条比另外一条更广为人知，也更为广泛地被人们加以讨论。第一条格言即是有关尼采说的"生活是女人"（Vita femina）的高度神秘主义的概括；第二条是他关于"永恒回归"（eternal return）这一奇怪想法的论述。第八章主要讨论了尼采的著作《查拉图斯特拉如是说》中的"超人"概念。第九章主要论述尼采关于虚无意志及欧洲的虚无主义问题相关的一些思考和认识。最后一章，会重点研究尼采发表的最后一部著作——《瞧，这个人》，我的论述重点主要放在尼采作为哲学家所遗留下的复杂而丰厚的思想遗产上。

尼采并不认为哲学可以使我们人类变得更好，但哲学无疑可以使我们变得更为深刻。1887年，尼采在开始写作《论道德的谱系》这一伟大著作时，就已经有了一个自相矛盾的观点，他宣称，"我们这些所谓知之者"（we knowers）——正如我们现代人也喜欢这样看待自身一样——本质上对自己是无知的。为了寻找到我们自己，我们首先必须知道应该如何去寻找自己。尼采指出，我们总是对周围所听到的一切声音充耳不闻，这些声音中也包含着我们自身存在所发出的一些细语和回响。我们发现，很难找到富余的时间去消化生活中的经历——我们的心灵（以及我们的耳朵）对此种消化根本心不在焉且兴味索然。我们自身也一样,以一种心不在焉的方式过活着,就像一个始终沉浸在自己思想世界中的人。他在正午听到时钟敲响了12下之后,会猛然惊醒,并惶惑不已地问道:"时钟刚敲了几下来着?"只有在那之后,在时间的延宕之中,我们才会捂紧耳朵,并惊慌失措、大为惊讶地问询:"我们刚刚,到底经历了什么事呀?"以及会自忖这个问题:"我到底是谁呢?"这就必然会导致我们对自己感到陌生,也即我们陌异于自身。我们实质上真正需要寻找的是将知识带回家,也即带回我们自身所熟悉的时间和地点。人类的欲望是,想要看到自己在所有经历过的事件和行动中始终有所反映。我们想要获取熟悉的知识,这样一来,它们就不会对我们产生时间上的苛求。尼采让我们扪心自问,当我们说要获取自我认识时,是否已足够认真?以及,我们自身是否可以为这一任务找到"足够多的时间"?从根本上来讲,这也是我们学习如何阅读尼采必然涉及的问题——我们需要留足阅读尼采的时间,同时,还要确保我们"很好"地解读了他的思想。

第一章　存在之恐怖

　　酒神艺术也要使我们相信生存的永恒欲望和乐趣,不过,我们不应在现象之中,而应在现象背后,寻找这种乐趣。我们应当认识到,存在的一切必须准备着异常痛苦的衰亡,我们被迫正视个体生存的恐怖——但是终究用不着吓瘫,一种形而上学的慰藉使我们暂时逃脱世态变迁的纷扰。

　　我们在短促的瞬间真的成为原始存在本身,感觉到它的不可遏止的生存欲望和生存快乐。现在我们觉得,既然无数竞相生存的生命形态如此过剩,世界意志(the world-Will)如此过分多产,斗争、痛苦、现象的毁灭就是不可避免的。正当我们仿佛与原始的生存狂喜合为一体,正当我们在酒神狂喜（Dionysiac ecstasy）中期待这种喜悦长驻不衰时,在同一瞬间,我们会被痛苦的利刺刺中。纵使有恐惧和怜悯之情,我们仍是幸运的生者,不是作为个体,而是众生一体,我们与它的生殖欲望（procreative lust）紧密相连。

——《悲剧的诞生源于音乐（酒神）精神》,第17节[*]

尼采的哲学起点有很多。早在19世纪60年代初,尼采还是一名青年时,他就接触到了美国作家拉尔夫·沃尔多·爱默生的论说文集,并在其启发下完成了他自己前几篇关于命运和历史的哲学论文。在进入所谓的创作中期阶段时,尼采仍继续从阅读爱默生中汲取思想的灵感。在我们这个时代,美国哲学家斯坦利·卡维尔在研究尼采思想中的爱默生影响方面做出了重要的贡

---

[*] 此部分的中文译文,参考:尼采,《悲剧的诞生》,周国平译,北京:生活·读书·新知三联书店,1986年,第224页。——本书脚注皆为译者注

献。他的研究主要集中于对道德上的完美主义的探讨，例如，培养更高级和更深层次的自我。在19世纪60年代中期，尼采阅读到了叔本华，并发现叔本华恰好适合自己的忧郁性情。叔本华早慧、富有才华，当他开始创作其巨著《作为意志和表象的世界》时（于1819年出版），年仅26岁。弗里德里希·朗格的权威著作《唯物主义的历史》也对尼采有着深刻的影响，这本书在1866年甫一出版时，尼采便对它进行了阅读。尼采发现，它在帮助自己了解许多哲学问题方面具有重要的作用。这一时期，尼采还阅读了歌德关于自然方面的著作，并细读研习了康德试图在其《判断力批判》中所阐明的新举措，即以一种全新的方法去研究艺术哲学和自然哲学。除此之外，尼采还阅读了大量自然科学领域的书籍。1868年，尼采对叔本华的哲学体系发表了有见地的批评。例如，叔本华在创造和表述"生命意志"时所使用的"意志"一词是笨拙的，它过于宽泛和笼统。而且，尼采指出，它是以一种诗意的直觉的方式来阐发的，支撑这一理论的逻辑论证也无法令人信服。但有趣的是，尼采对叔本华体系的这些批评要点，并未在《悲剧的诞生》中有所体现。

1869年初，尼采25岁，在刚开始对自己所选择的研究课题感到有些不满时，他被聘为瑞士巴塞尔大学古典语文学特聘教授。几年以后，他曾申请哲学教授一职，却并未顺利通过。1869年4月，尼采首次拜访了理查德·瓦格纳和他的妻子科茜玛，并于5月做了一场《论荷马的个性》的就职演讲。1870—1871年间，尼采还做了一系列的主题演讲，它们构成了他第一本书的内容基础，讨论诸如苏格拉底、悲剧，以及酒神世界观方面的内容。他感觉自己即将创造出"半人马"（centaur）般的怪兽，艺术、哲学和学术研究，都在他的内心深处共生成长。在普法战争中，尼采曾是一名医护工作者。回到巴塞尔后，他开始罹患失眠症，并在余生中不断遭受身体不适和偏头痛的严重折磨。

1872年1月，尼采出版了《悲剧的诞生》，并题词敬献给瓦格纳。这表明，他注定不仅仅是一名学者，或是学术型的哲学家。他不会让古典语文学上的训练限制自己对文化复兴的雄心抱负，也不会让他的智性计划向学术地位妥协。这本书囊括了他对希腊悲剧极具独创性的论述，它通过探索两个希腊神——酒神狄俄尼索斯和日神阿波罗——的对立性，为美学做出了全新的贡献。并且，它还与苏格拉底的理论式乐观主义进行了具有批判性和客观性的交流对话。苏格拉底的这一理论认为，这个世界不仅是可知的，还是可以加以更正的（由于将理性对立于本能，所以苏格拉底一般被认为是一名颓废者）。这本书也首次展示了尼采的虚无主义，在其最早期的表述中，虚无主义是一个源于宇宙问题的存在主义的事件，这与他后来强调的虚无主义形成了对比，后者是一种价值上的历史和文化问题，即人类的最高价值达到了贬值点。在《悲剧的诞生》中，存在的虚无主义通过半人半羊的森林之神萨蒂尔、酒神的同伴西勒诺斯的话语表现了出来，他视我们人类为可悲和短暂的物种，称我们为偶然和苦难之子。这些话，如果我们听不到可能最好："最好的事情完全超出了你的能力范围：那就是不要出生，不要存在，什么也不是。但是，对你来说，第二好的选择便是：快点死去。"

在写于1886年的对这本书的自我批评中，尼采提到，他在书中使用了康德和叔本华的惯用公式——尤其是他们将世界划分为表象（appearance）和物自体

（thing-in-itself，即表象背后不可知的"x"）两个维度。在叔本华那里，物自体是一种盲目的、非个人的、非人类的生命意志——用来表达与他们的体系无关的一些思想。在本章中，我想对这些思想是什么，做一个大概的阐明。在《悲剧的诞生》中，尼采认为，只有在作为一种审美现象时，存在（existence）和世界才能够被论证。亚里士多德曾说过，哲学始于惊奇——对事物何以如是的事实的惊奇。相较而言，对于尼采来说，哲学始于恐怖——存在是既恐怖又荒谬之物。正是持这种观点的尼采，对20世纪的存在主义思潮，包括阿尔贝·加缪等人的著作，施加了特别重要的影响。为什么存在会如此恐怖呢？艺术与恐怖又有什么样的关联？基于此，有必要对这本书中的主要观点做一番说明，这样我们才能够回答以上这些问题。

在《悲剧的诞生》中，尼采开门见山地为希腊文化中两个相互竞争又互为补充的欲望冲动下了定义，即日神式和酒神式的冲动。前者取自日神阿波罗，他是光明、梦想和预言之神，是光芒闪耀之神。而后者取自酒神狄俄尼索斯——陶醉和狂喜之神。日神一般与可见的形式、可被理解的知识和有所节制相关联,而酒神则与无形的流动、神秘的直觉及过分无度联系在一起。此外,日神式的世界是由不同的个体组成,而酒神式的世界是指,这些独立的个体业已消散,人们发现自身与自然界的原初威力和能量混为了一体。通过酒神的狂喜,我们成为一个独一整体的一部分,在其永恒的创造喜悦中,我们合而为一、融为一体。

在艺术方面,日神是造型艺术或表征艺术(绘画和雕塑)之神,他与建筑有着很强的联系;而酒神是无表征性的音乐艺术之神,他没有实体的形式。尼采在书中的一个创新性论点是,酒神精神与流传下来的希腊人的理想化形象相抗衡,这一理想形象将希腊文化视为一种宁静而沉稳的文化。尼采认为,希腊艺术和文化中的日神一面,是其与酒神一面所代表的悲剧性视野进行长期而复杂的博弈之后的产物。公元前5世纪的"阿提卡悲剧"*(Attic tragedy),包含在诸如埃斯库罗斯和索福克

---

* 阿提卡(Attica)为古希腊的一个地方,位于雅典城附近。阿提卡语是古典希腊语的一种方言,阿提卡悲剧即希腊古典悲剧。

勒斯等悲剧剧作家的作品中，其悲剧基础，就融合了日神式与酒神式的双重面向。尼采的这本书，对这两种艺术力量之间的融合（他称之为"神秘"的融合），以及希腊悲剧的起源方面都进行了充分的研究与探索。

尼采的这一研究有多重发现，其中就包括使他对希腊诗歌（荷马、阿基洛克斯和品达等诗人）及悲剧中合唱表演的主要倾向有了仔细的审视和发现。尼采在这方面接受了普遍流行的亚里士多德的观点，即悲剧源于合唱表演（chorus）。此外，他也接受这样的论点，合唱表演是现实世界、经验世界与在舞台上表演出来的悲剧行动之间的一道屏障（这一论点，也可以在弗里德里希·席勒的作品中发现）。但是，尼采鲜明地反对以下观点，即合唱团是舞台上观众的表征。与此相反，尼采认为，合唱团是酒神式的状态及其洞察力的代表，它表征着，在面对我们个体存在所特有的苦难和痛苦时，生命依旧坚不可摧和令人愉悦。作为个体，我们由于各种原因而遭受苦难。一旦我们认识到，我们在宇宙中其实微不足道，我们便会知晓，人类的生存其实没有终极的目的。死亡的事实，鲜明而有力地将每个人都带往这一终极之所。生命的特征便是欲望（的增长和繁殖）及能量（的积聚和释放），但是，我们也知道，生命的此番活动绝非以我们为中心。

对尼采而言，早期希腊悲剧的唯一主题便是酒神的受难。他认为，一直到欧里庇得斯那里，酒神都未曾停止扮演悲剧英雄的角色，因此，希腊舞台上所有知名的人物角色，如普罗米修斯和俄狄浦斯等等，都不过是这位原始英雄角色的翻版而已。我们要理解酒神是如何登上舞台的，这一点很关键。他在舞台上表现得像是一个容易出错、努力抗争而又受苦受难的人物个体，这是由于他受到了日神的影响。日神是梦境的阐释者，也掌管着表象的境域。然而，实际上，尼采认为主角其实是神秘的受难者酒神，也就是说，是那位亲身经历了个性化痛苦（sufferings of individuation）的神，那个儿时就被提坦神撕成了碎片的神，而且，在他遭逢可怕的境遇中心，他又再次被撕得粉碎。酒神之所以受难，是因为他的个性化特质，而个性化是所有苦难的源头和根本原因。尼采还补充说，对于这种个性化，我们需要加以拒绝。

这让我们看待这个世界的方式既深刻又悲观：既存的是一个整体，是原初的同一（primordial oneness）；个性化仅仅是表象，是万恶之源头；艺术给予人欢乐的希望，使得个性化的咒语可以被打破，并让其恢复成一个整体。我们遭受生活的苦难，是因为，我们是与自然相疏远和隔绝的个体，而我们对此种疏离的意识又在不断折磨着我们。

13 尼采展示的酒神，是一个基督式的角色，事实上，在整本书中，尼采都使用了诸如"救赎"（redemption）这类神学概念。但是，在《悲剧的诞生》中，尼采提出的是一种与基督教神学截然不同的思想体系。对这个世界的审美辩护是基于原始因由本身，它与我们人类无涉。希腊人知晓并感受到存在的恐怖和荒谬，于是，他们根据其内心最强大的需求，创造出了酒神和日神。希腊人之所以创建了迄今为止唯一令人满意的神义论（问题），是因为"诸神实则是在为人类的生活而辩护！他们自己亲历生活"。对尼采来说，他们的经历中没有任何提倡禁欲主义、灵性修养或责任义务之类的事情，"我们耳之所闻的，除了热情洋溢、旺盛的生命所发出的宏音，别无他物。在这种生活中，无论善恶，万物都被神化了"。

对尼采来说，世界便是对立事物间上演的一场悲剧，它无所谓救赎，也不需要拯救（salvation）。正如一位评论家所指出的那样，尼采将心理概念上升到了宇宙的维度。[1] 哲学是关于悲剧性智慧的问题，只有在洞察了黑暗（酒神）与光明（日神）之间的原初冲突之后，我们才能培育出此种智慧。这种原初冲突指的是吞噬一切的、无形态的和深渊式的黑暗生活与形成个体的光明之域之间的对抗。拥有悲剧视野的哲学是掌握了原初的同一与个性化之间永恒矛盾的一门哲学。这并没有使尼采像叔本华那样，拥有一种消极的悲观主义。尽管表象有所变化，但生活仍然被证明是一种坚不可摧的、强大而又令人愉悦的东西。唯有艺术才能与悲剧哲学中的洞见等量齐观。古希腊人对最深重的苦难非常敏感，他们见证了世界历史的可怕破坏，以及大自然的残酷，他们有那种类似于佛教徒对意志否定的渴望，因而总是身处险境之中。然而，艺术拯救了他们，通过艺术，他们便拥有了生活。考虑到尼采曾试图使酒神精神转变为哲学上的悲剧感染力（philosophical pathos），所以，他后来宣称自己是第一位悲剧哲学家。对他来说，悲剧的范畴并不是如亚里士多德的宣泄（catharsis）理论所昭示的那样，通过强行释放诸如怜悯或恐怖之类的危险情绪来达到净化的目的。相反，尼采认为，这是一种超越了怜悯与恐怖的经验，是对普遍成为（universal becoming）的永恒喜悦之肯定，其中当然也包含了毁灭的喜悦。

叔本华从经院哲学的思考中借用了"个性化原则"（principium individuationis）一词，并用它来指示有关时空的现象世界，这个现象世界提供给我们一系列共存和接续之物。相比之下，意志是事物本身的存在，它存在于时间和空间秩序之外。意志也外在于充分理由原则的领域（这一原则用于解释特定时间和特定地点的事物及其所遵循的因果法则），因此，意志可以说是没有根据缘由的，是原初的东西（并非一个简单的对象或概念）。在个体的成长和消亡中，个体只是作为意志的现象而存在，这种意志被人认为是一种盲目的、不可抗拒的冲动。尽管尼采在《悲剧的诞生》中的论点，在很大程度上借鉴了叔本华的形而上学，但并非简单地复制它们。比如，在尼采那里，日神被认为是个性化原则的天才化身，通过这种转化，表象上的救赎便可以实现。通过日神式的生活，可以体验到表象之美，尼采在这种表象之美所带来的愉悦中，又发现了某种崇高之物。然而另一种崇高，则是在酒神及其所开启的认知形式的崩溃中所阐明的。这就是恐怖的崇高（the sublime of horror）。尼采致力于给这两种威力或力量以同等的重要性，他没有亦步亦趋地跟随叔本华，简单地主张对意志进行神秘的压制。相反，他试着为表象本身进行辩护。

实际上，尼采在《悲剧的诞生》中进行了双重论证。一方面，我们可以发现有关希腊悲剧的起源和衰落的争议性论证（第1—15节）；另一方面，我们也看到了他对德国当代文化复兴满怀热情的支持（第16—25节）。使这两种论点联系在一起的，便是尼采所赋予音乐的作用。希腊的悲剧起源于音乐，尼采也将他对文化复兴的希望寄托在瓦格纳的歌剧上。在《作为意志和表象的世界》一书中，叔本华指出，音乐由于没有表征性从而是一种独特的艺术。音乐可以绕过表面的显象世界（即表象的世界），使我们能够了解到世界的本质——作为意志的世界。对于尼采来说，悲剧不能从表象和美丽之物的审美范畴中推论出来，它只能基于音乐精神之上，因为只有通过这种精神，我们才能在个体的毁灭中体验到喜悦。

1886年，尼采自己对这本书做了深刻的批判。他认为它充斥着"疯狂和混乱的意象"，多愁善感，"自作多情到充满娇气"。这一著作刚一出版就遭到了语文学界人士的强烈拒绝和谴责。在遭到其导师弗里德里希·里奇——他曾举荐尼采使其获得巴塞尔大学的教职——的拒绝后，尼采被迫承认自己有辱斯文，进而成了一个被众人排斥的个体。于是，尼采进入了一段严重的危机时期。他课堂上的学生开始陆续减少，在随后的短短几年内，他开始对瓦格纳作为一名艺术家的身份也产生了严重的怀疑，因而，他对瓦格纳事业的支持也急剧减少。

《悲剧的诞生》一书，既有诋毁者，也有支持者。在我们这个时代，它仍在激发着各种争论。在尼采对酒神的赞许和书里对艺术家形而上学思想的宣扬中，战后知识分子的主要代表人物之一尤尔根·哈贝马斯，看到了其中危险的非理性主义和唯美主义倾向，酒神式的生活不仅在理论上脱离了这个世界，也偏离了日常生活实践中的道德活动。哈贝马斯还表示，尽管它能够使人们进入迷狂之境，但这样做是以个体的痛苦消融、融入无定形的自然界为代价的。然而，有其他论者，例如彼得·斯洛特戴克则认为，尼采的文本最好是作为文化上的先锋作品来解读。尽管事实是，在现代时期，美学已经脱离了我们所生存的其他领域，但对于斯洛特戴克而言，这仍意味着，艺术作品可以自由地去探索成为一个主体的多种替代方式。他认为，酒神精神不只是体现在忘我的狂喜中，而是致力于削弱我们自己的身份感知，从而确保能够释放出更多流动性的能量。在西方文化中，素有这样一种强大的传统，即认为个体的身份是根据一致性、稳定性和完整性的概念来界定的。因而，斯洛特戴克强调，尼采的《悲剧的诞生》所彰显的这种关于人类身份的观念纯属虚构。

尼采的思想发生根本性的变化，是在《悲剧的诞生》出版之后，以及1872—1876年间的早期创作阶段。尽管艺术在尼采的思想中仍然继续扮演着重要角色（它被理解和转化为"通往表象世界的好的意志",从而使我们能够忍受生存),但此时,他对知识和科学的需求更加突出。在尼采的后期著作中,出现了一种全新的个性化思考,认为成为个体便不再受制于形而上学的折磨状态。尼采对存在之痛苦的观念,也经历了重大的更新和发展。在《查拉图斯特拉如是说》中,有限的个体遭受着时间流逝之痛。在《论道德的谱系》中,我们的苦难既不是来自形而上的,也并非来自存在之本源,而是来自文化形成和社会分化的需求。尼采不再谈论自然之残酷,而是将残酷视为社会生活和道德生活发展中的一个必然要素。尽管在第一阶段的写作中,尼采的思想经历了各种转变,但是,他仍然将酒神精神奉为一种生活哲学。在本书的最后一章,我将会继续阐明,在尼采的晚期著作中,他是如何理解和阐发酒神精神的。

第二章 人性的，太人性的
——历史哲学与形而上学哲学

概念和感觉的化学——如今，各方面的哲学课题几乎又都在采用与2000年前相同的形式提问了：一种事物如何从其对立面中产生？比如：理性如何来自非理性？感觉如何来自死寂？逻辑如何来自非逻辑？漠然的观照如何来自贪婪的意志？为他者而生如何来自为私利而生？真理如何来自谬误？形而上学哲学迄今为止是如此来解决这一难题的：它否定此事物从彼事物中产生，直接从"物自体"的核心和本质出发，为种种获得高度评价的事物设定一个神奇的本原。历史哲学则相反，它作为最年轻的哲学方法，已经根本无法与自然科学区别开来，它调查具体情况而得出结论（也许在所有情况下，它的结论都是如此）：除非在惯于夸张的流行观点或形而上学观点之中，否则，不存在什么对立面，两相对立的做法是基于理性的谬误。依照历史哲学的解释，严格说来，既没有大公无私的行为（unegoistic action），也没有完全漠然的观照（disinterested contemplation），两者其实都只是升华（sublimations）过程，而且在这些升华过程中，基本要素似乎挥发殆尽，唯有细致入微地观察，才能证实其存在。因而，我们所需要的一切，只是在各门科学目前达到的水平对我们而言才存在的一切，都是一种道德的、宗教的、审美的观念和感觉的化学，同样也是我们在大小不一的文化交往和社会交往中，以及在自身孤独中体验的所有情感冲动的化学。倘若这种化学的结果显示，在此领域中，最美的颜色也是从最下等且实则最不起眼的材料中获得的，那会怎么样？会有很多人去从事诸如此类的研究吗？凡是人，都喜欢放弃对起源、对初始之物的追问；感觉到身上有相反的癖好，不就意味着自己失去了人性吗？

哲人的遗传缺陷——所有哲人身上都有一种共同的缺陷：以为能从现代人出发，通过对现代人的分析达到目的。他们总是不自觉地幻想"人"是一种永恒的事实（aeterna veritas），一种在旋涡激流中保持不变的存在，一种衡量万物的可靠的尺度。哲人关于人的一切言论，其实都只是关于一个非常有限的时段中的人的鉴定。缺乏历史意识乃是所有哲人的遗传缺陷；有些哲人甚至将在某些宗教、某些政治事件作用下产生的最新的人的形象也视作定式，认为必须以这种定式为出发点。他们不愿意了解这样的事实：人是逐渐形成的，认识能力也是逐渐形成的。他们中的有些人，甚至要从这种认识能力出发来编造整个大千世界。诚然，人类一切本质性的发展早在原始时代，早在4000年之前就完成了，在我们大致知晓的这4000年里，人类也许并无多大变化。但是，哲人在现代人身上看到了"本能"，认为这些本能属于人身上不变的事实，因而是有助于理解整个大千世界的一把钥匙。整个目的论的基础就是将后来4000年中的人视作永恒的人（an eternal man），认为世上的万事万物从一开始起就自然而然地以这种永恒的人为发展方向。然而，一切都是形成的过程，不存在永恒的事实，正如不存在绝对的真理一样。由此看来，从现在起，历史的哲思（historical philosophizing）就是必要的，谦虚的美德因而也是必要的。

——《人性的，太人性的》，第1节和第2节[*]

1878年，尼采出版了第一卷《人性的，太人性的》，这本书在口吻和观点上都与他的第一本书截然不同，他将其献给了法国启蒙运动的领袖——伏尔泰。此时，瓦格纳被尼采的新哲学观点所断然拒绝，并认为他已变得疯狂。与《悲剧的诞生》中酒神式的狂喜和顿悟相反，尼采在这本书中，邀请他的读者去珍视那些细微而朴实无华的真理，颂扬那些谦逊地解释世界的物理科学，并放弃一切由神迹手段所获得的灵感和认识方面的信仰。

---

[*] 此部分的中文译文，参考：尼采，《人性的，太人性的：一本献给自由精神的书》，魏育青、李晶浩、高天忻译，上海：华东师范大学出版社，2008年，第15—20页。

在这本书出版后不久，尼采的健康状况便日趋恶化，这迫使他辞去了巴塞尔大学的教职，此后，大学给了他少量的退休年金。总而言之，尼采业已意识到，在很大程度上，他对哲学任务的追求与其学术生活之间是不可调和的。在生命中下一个理智的十年里，他一直是个在路上的旅行者，分别在威尼斯、热那亚、圣莫里茨、罗马、索伦托和尼斯定居过一段时间。1881年夏天，他首次前往瑞士上恩加丁地区的锡尔斯-玛利亚，后来，这里便成了他定期的夏季住所。在当时写给彼得·加斯特的一封信中，尼采说起他正过着一种（从智力上来说）极度危险的生活，成了"一架随时会爆炸的机器"。他向友人吐露，情感的强烈使他颤抖和大笑，流下的不是伤感的泪水，而是喜悦之泪。他现在会在狂喜状态和沮丧状态之间来回摇摆。

对尼采而言，1881年的夏天充满了征兆。他先是在斯宾诺莎的著作中发现了先驱共鸣，在这次发现之后没几天，他便对永恒回归的想法有了自己的体验，这是他在"远离人类和时间的6000英尺高的地方"迅疾记录在稿纸上的。他在《瞧，这个人》中这样解释道，有一天，在席尔瓦普拉纳湖边的树林里漫步时，他停在了"一块巨大的金字塔形的石头"旁，"然后我就有了这个想法"。他称永恒回归是人们可以达到的最高的肯定秘方。他对斯宾诺莎感到亲近，是因为他们有一套共同的学说体系，包括对自由意志、目的、道德世界的秩序和邪恶等观念的拒斥，以及他们都有这种认识倾向，即认为认识是最强大的激情。

在这一阶段，尼采的生活中还有一件事必须提及。那就是他与保尔·瑞*和露·萨洛梅之间的友谊，这通常被人们称为柏拉图式的"三人行"。瑞比尼采小五岁，1873年，尼采初次见到他时，他还在撰写自己的博士学位论文。19世纪70年代，他出版了两本书——《心理学观察》和《论我们的道德感的起源》。这些书启发了尼采，使他在19世纪70年代中期转向了心理学。瑞是一位无神论者，他认为，宗教体验不是既定的事实，而是可以通过心理学来加以阐释的。他还辩称，道德不是出自"自然本性"，而是风俗使然，善与恶仅仅

---

* Paul Rée，德国作家、心理医生、哲学家，也是尼采的好朋友。

只是习俗常规。尼采钦佩瑞身上他所谓的瑞式"冷漠"（coldness），他是指瑞在智性上的独立和明晰。对瑞来说，缺乏意义的存在是绝望的根源。相较之下，尼采则认为，人类的自由同样源于意义的缺乏。正是瑞和另外一个朋友，在1882年4月，介绍尼采认识了萨洛梅。她出生在圣彼得堡（她的父亲曾是俄罗斯将军，属于波罗的海沿岸的胡格诺派德国后裔），1880年9月离开俄罗斯，前往苏黎世大学学习。她很快便成了一名多产的作家，并且，她还是第一本严肃的尼采研究专著的作者。后来，她成了莱内·马利亚·里尔克的情人和知己，她也是西格蒙德·弗洛伊德倍加尊敬的友人。关于萨洛梅、尼采和瑞三人之间不同寻常的友谊的细节——这两个男人分别向萨洛梅求婚（但都被她拒绝了）——就不一一在此赘述了。但这足以说明，这段友谊考验了尼采的情感所能承受的最大限度。 22
归根结底，在尼采生命的这一痛苦经历中，最为重要的，是他获得的宝贵的哲学财富，其中最为著名的便是他的非凡作品《查拉图斯特拉如是说》（1883—1885）。尼采与露·萨洛梅的关系在1882年10月走向终结，而在1883年年初的十天里,《查拉图斯特拉如是说》的第一部分便完成了。

《人性的,太人性的》一书的副标题是"一本献给自由精神的书"。尼采在《瞧,这个人》里对这本书所做的反思中写到,"自由精神"一词需要在一种业已变得自由的精神中来理解。换句话说,它涉及一个自我解放的过程,其中包括对理想主义的克服:在我们看到的理想事物之处,尼采看到的则是"人性的,可惜也是过于人性的东西"。"人性的,太人性的",作为书名和课题名称,可以说是一场思想危机的纪念之物,这场危机迫使尼采在对认识问题的思考上进行严格的自律。当他第一次表述自由精神时,它还是一个相对简单和直白的概念,用来表示一种与众不同的精神,有别于人们根据环境、阶级或时代主流观点所期望得出的思想精神。这种精神使人类自身摆脱了传统的枷锁束缚,并且它是追求真理的精神,因而这种追寻本身就必须避开所有的信仰和习惯,只要求有存在的正当理由。尽管尼采的作品在19世纪80年代有所深化和发展,但自由精神的实际意义并没有显著的改变,它所要求完成的任务反而变得越来越严苛。

在1878年出版的《人性的,太人性的》一书中,尼采概述了一种解决哲学问题的方法,该方法将对他随后的一切著作都有所助益。这就是他所谓的"历史的哲思",它清楚地表明,现代科学,尤其是进化论,对他的思想产生了重大影响(达尔文的名著《物种起源》于1859年出版)。尼采谈到对某些事物施行"历史性认识的锤击"。他坚持他的"历史性方法",正如他在《论道德的谱系》中所称呼的。此外,《偶像的黄昏》中的一些部分与《人性的,太人性的》开篇部分,也有着惊人的相似之处。尼采现在伪装成了一个不可知论者,对于形而上学世界的存在与否,他不置一词。他认为,有可能存在一个形而上学的世界,但是,由于我们无法砍掉自己的脑袋,我们只能说,它具有我们无法了解的"差异性"(differentness),对这一世界的任何本体论的建构,因而都只能是否定的。而且,关于形而上学世界的知识,对我们来说是无关紧要的,这就好比在船只中面对风暴的人,不必去掌握分析水的化学成分的知识一样。艺术、宗教或道德,并不能为我们了解现实提供另一个维度（正如尼采在《悲剧的诞生》中，以酒神为例所论证的那样）。我们发现自身始终处在被表征的领域中，没有任何直觉能带领我们更近一步。此外，我们所说的这个世界，充满了数不清的谬误，它们都是有机生命的发展所带来的后果。这种谬误和幻想的集合也是传统中的宝贵财富——因为人性的价值取决于它——这也导致我们对谬误的依赖、对幻想的渴求，与科学及科学真理的发展之间产生了冲突。

在《人性的，太人性的》的开篇章节中，尼采关注的问题是，事物如何在其对立面中产生，进而在"形而上学哲学"与"历史哲学"之间做了一番对比。前者通过诉诸如"物自体"之类的神奇源头来回答这一问题，以更好地解释被人认为具有更高价值的事物的起源。尼采认为，这种"自体本身"（in itself）是指生活状况之外的无条件的某些事物，比如进化论上的改变。而后者，尼采坚称，相比之下，是不再能够与自然科学分开的（尼采认为，在所有哲学方法中，它是最为年轻的）。进化论试图证明，不存在对立，所有事物都源自一个升华的过程，只是在其中变得更为复杂。因此，尼采会呼吁一种"概念和感觉的化学"（化学即一种产生变化的科学）。

这种哲思的历史性模式，使现代思想产生了许多具有影响性的观念：没有不可改变的人类事实；我们的认知能力本身也在发展进化，它远非我们认识这个世界的先验来源或发起者（请参考康德的话[2]）；而且，社会关于界定善恶行为的等级排序也在不断地发生变化（《人性的，太人性的》，第2节和第107节）。人类动物是数千年前史前发展过程的产物。现在的人类，并非远古洪荒时代的人类之后注定会成为的那种人。尼采著作中的这一方面，以及他后期关于道德谱系的研究计划，对福柯产生了深远的影响，尤其是其最著名同时也具有争议的关于理性的历史，以及作为科学知识主体的"人"的形成等方面的著作内容。

尼采认为，在原初和终末领域之事物（the first and last things）中寻求确定性的冲动，理应被视为"宗教余冲"（religious after-shoot）。原初和终末领域之事物指的是有关认识"最遥远地带"的问题：宇宙是如何开始的？其目的是什么？只有在伦理和宗教感的影响下，这些问题才会给我们带来如此可怕的沉重感。它们迫使我们不堪重负，在遇到黑暗的时刻，只会感到这使事情变得更加黑暗和糟糕。在那些无法建立任何确定性的地方，会有一整个道德-形而上学的世界被构建起来，从而填补这一黑暗。于是，各式各样幻想出来的概念便开始支配人类看待世界的方式，而其后代，则会被要求将它们视为真实。这就得以说明，对道德和宗教感的起源进行详细调查，是一项非常重要的任务。它的基本目标是使人们对其脱敏、不再相信它们。在涉及原初和终末领域之事物——被尼采称为"最广阔的视野"——时，我们并不会为了过上"充实而完善的人类生活"（《漫游者和他的影子》，格言16）而去寻求确定性。尼采提出，我们要打破常规的思维习惯。在面对诸如以下问题——人的目的是什么？什么是人死后的命运？人如何做到与上帝和解？——时，人们并非一定要拥有反对信仰的知识；相反，对此，我们应该保持一定的距离和冷漠。

尼采在《人性的，太人性的》开篇对哲学主题所采取的立场，在随后的著作中得到了完善，因为他仍继续致力于完成自己的这一任务，并不断加深对它们本质的认识。例如，《人性的，太人性的》中的一些开篇格言，就在《善恶的彼岸》的首章"论哲学家的偏见"中有了回响。现在，尼采又增添了一些新的任务，包括着重对各种现存价值观的价值进行道德批判。只探询起源还不够；相反，我们必须解决价值的问题，仅仅显示最高事物的微渺起源是根本无法做到这一点的。此外，新的概念开始发挥效用，并服务于尼采对认识的批判任务上，尤其是关于权力意志的方面。在《善恶的彼岸》一书中，尼采指出，有必要等待"新的哲学家派别"的到来（《善恶的彼岸》，第2节）。这些尚未出现的哲学家，绝不会站在各种价值的对立面，去信以为真地接受形而上学一派的信念。这些未来哲学家的品位和性情，将与迄今为止指导哲学探究的那类哲学家的品位与性情截然不同。他们会提出一些新问题：真理是否会从谬误中产生？利他主义会是利己主义的一种形式吗？智者的纯粹沉思可能是源自其贪求的欲望吗？

在尼采成熟时期的著作中，其中心要旨是对一些思维方式进行攻击，例如柏拉图主义，它在真实世界和明显的表象世界之间建立了二元论思想。真实世界被置于由时间、变化、多元和生成（becoming）组成的秩序之外——它是一个存在的世界（a world of being）——而改变、生成与进化的世界则被视为一个虚假的世界，它是一个充满谬误的、单纯的表象世界。尼采在《偶像的黄昏》中"哲学中的'理性'"第 1 节里指出，普遍而言，哲学家的特质在于他们缺乏历史意识，以及他们对"生成"这一观念的深恶痛绝。这被尼采叫作他们的"埃及主义"（Egypticism），指的是哲学家对事物进行非历史化的分析，在此过程中，他们用来理解事物的概念在不断地僵化。因而，没有得到合理解释的是生命的过程，例如死亡、变化、繁殖、生长，以至于真正存在的一切被认为不会被生成，而生成的一切则被视为绝非真实和虚无的存在。在第 4 节中，尼采揭示了在形而上学的体系中，最普遍和最空洞的概念——诸如绝对、善、真实和完美——是如何被视为最高和最丰富的概念的。它们自身就是各项神圣的事业，因此需要被加以呈现，而且作为最高概念，它们无须进一步的发展和阐发。在所有这些概念中，最为单薄、空洞的便是上帝这一概念。在第 5 节中，尼采提出，是理性语言使得形而上学家误入了歧途。语言是在有了最基本的心理学和科学知识形式之后才出现的。在语言之中,我们可以识别出一种原始的拜物教思想,它使我们以特定的方式来思考,而这些方式现在已经变成我们的习惯了。例如,我们将意志作为事件和行动的起因,将一个统一的"我"置于我们在世存在的内核里。

哲学传统总是会不断高估意识在生活中的重要作用。尼采坚信,人们无法理解意识内部的运作过程,试图理解意识的活动也会受到阻碍。这既是由于语言无法把握差异,也是由于我们观察上的不精确。尼采在《朝霞》的格言115中强有力地说明了这一点,他这样写道:"我们都并非我们自身,我们独自一人时所拥有的意识和语言,与我们在其他状态下的自己并不一致。"意识"或多或少是一种对未知的,也许是不可知的但是可感觉到的文本的幻想性注解"(《朝霞》,格言129)。对于尼采而言,科学向我们展示的是一个陌生的世界,这个世界与我们描述自己的经历、谈论自己的感受和欲望时所想象和联想到的世界截然不同。尼采提出了一个问题,即我们是否可以学会以不同的方式去思考和感受,甚至更真实地去梦想。然而,这引发的问题是重大的,甚至也许是无法被克服的：我们势必会通过自己的心理错觉和投射来解释这个世界，而尼采对世界最重要的看法是，世界是作为权力的意志，权力意志是他在《善恶的彼岸》的第36节中所言及的"生命的预成形"（pre-form of life）。但尼采的这种看法也仍然无法逃脱神人同性论（anthropomorphism）的指责。我们无法使用一种纯粹本体论的语言，无法用中立的表达方式来告诉自己何为世界。正如尼采所做的，用所谓前人类的情感来理解这个世界上事件的演变，就像他本人所充分认识到的那样，那已经是一种翻译行为了。

尼采哲学思想的发展，给那些希望对其整体课题有所把握的读者造成了严重的障碍。显然，在他的成熟创作时期（1885—1888），他不想放弃哲学思考中的具体任务——这些任务包括提高和升华——而满足于我们在科学中的求知和发现。尼采严厉批评那些被他称为"大杂烩哲学家"（hodgepodge philosopher）的一类人，例如现代实证主义者，他们认为，既定事实统治着这个世界，科学已经战胜了哲学；尼采哀叹哲学正简化为认识的理论，他认为这是一种可耻的胆怯行为（《善恶的彼岸》，第204节）。与对哲学的这种沉思相反，他试图将其实践为一门学科，一门"有深度的灵性视野"的"真正灵性力量"的学科（同上，第252节）。但是，他也同样批评现代德国思想——尤其是康德的思想——中对形而上学方面的持续依附。他坚持认为，实践理性需要被智性的良心所取代，并要求哲学放弃其牧师的使命，接受科学的严格考验（《反基督》，第12节）。尼采对康德的批判态度是严厉的，认为康德在对实践理性的建构中——形而上学的一些经典观念，例如上帝、自由意志和灵魂的永生不朽等，获得了新的合法性（尽管这些观念无法达到它们有权获得的理论认识上的要求，即作为实践理性的假设而存在，但它们能够满足尼采所谓的"我们内心的渴望"）——放弃了对科学理性的主张，并且支持旧道德和形而上学，还以一种非理性的呼吁来诉诸崇高。尼采认为，康德为我们提供了一个更高的理性，该理性是专门为我们在原本不应理会理性的情况下而设定的。然而，从1883年起，我们发现，尼采的著作中出现了某种形而上学（主要见于将生命视作权力意志的思考，这也是他成熟时期的历史方法原则），并且他还提出了一种新的理想（即超人将赋予这个世界新的意义）。

　　一些评论者认为，这表明尼采继续发展了他自己的"埃及主义"，而且这也说明他无法完全将哲学从其牧师职能中解救出来。尼采正在寻求一种超越旧的形而上学和旧道德的思维方式。然而，很显然的是，某种具有崇高道德特征的事物正在这场运动中发挥作用，它在所有我们在尼采成熟时期和晚期文本里遇到的基本概念中都有所体现，例如永恒回归、超人和酒神等等概念。在本书的后续各章中，我将对其中的每一项，以及它们在尼采思想中所起的作用，发表一些基本的见解。

第三章　尼采的愉悦感

我们欢乐的含义。——"上帝死了",基督教 30
的上帝不可信了,此乃最近发生的最大事件。这事
件开始将其最初的阴影投射在欧洲的大地上,至少,
那些以怀疑的目光密切注视这出戏的少数人认为,
一个太阳陨落了,两种古老而深切的信任变成怀疑
了,我们这个古老的世界必将日渐暗淡、可疑、怪异、
"更加衰老"。我们大概还可以说:这事件过于重大、
遥远,过于超出许多人的理解能力,故而根本没有
触及他们,他们也就不可能明白由此而产生的后果,
以及哪些东西将随着这一信仰的崩溃而坍塌。有许
多东西,比如整个欧洲的道德,原本是奠基、依附、

植根于这一信仰的。

断裂、破败、沉沦、倾覆,这一系列后果即将显现,可是有谁眼下能对此做出充分的预测才不愧为宣布这一可怕逻辑的导师呢?才不愧为宣布这一史无前例的日食和阴暗的预言家呢?

我们——天生的释谜者,立于高山之巅,期待着未来,置身在当今和未来以及这二者的矛盾之间,是下个世纪的头胎婴儿和早产儿——现已看到那即将笼罩欧洲的阴影了,然而究竟是何种原因使得我们对这阴暗不抱丝毫同情、丝毫不为自己担忧和惧怕,反而期盼这阴暗的来临呢?也许是我们受这一事件的近期影响太深之故吧,这影响也许与人们估计的恰好相反,断不是悲伤和消沉,而是难以言说的新的光明、幸福、轻松、欢愉、勇气、朝霞……

不错,我们这些哲学家和"自由的天才"一听到"老上帝已死"的消息,就顿觉周身被新的朝暾照亮,我们的心就倾泻着感激、惊诧、预知和期待的洪流。终于,我们的视野再度排除遮拦,纵然这视野还不十分明亮;我们的航船再度起航,面对重重危险；我们再度在认识的领域冒险；我们的海洋再度敞开襟怀，如此"开放的海洋"堪称史无前例。

——《快乐的科学》，格言343[*]

人人都知道，尼采宣告了上帝之死。但是，他到底想表达什么意思，恰恰需要解释。尼采通过一个疯子之口说出这些话，并让他在集市广场上广而告之（在原始版本的《快乐的科学》的格言125中，这一疯子的角色由一个名叫查拉图斯特拉的人物所扮演）。尼采并没有简单地像做科学观察报告那样说"上帝已经死了"。他对这一事件进行了戏剧化的处理，以显示出其命定的灾难性。实际上，这个疯子称呼那些以怀疑和嘲讽之态接受他消息的人为无神论者，仅仅是因为，他们安于接受上帝的死亡。正如沃尔特·考夫曼所指出的，尼采在《快乐的科学》的格言125中使用的语言，是一种宗教性的语言，借鉴了《福音书》上的内容图景。尼采不是仅仅

---

[*] 此部分的中文译文，参考：尼采，《快乐的科学》，黄明嘉译，上海：华东师范大学出版社，2007年，第323—324页。

说"上帝已死",而是让一个疯子宣布这一事实,并且还说,是"我们杀死了他"。这一声明不是关于终极现实方面的形而上学猜测,而是对欧洲文化及其走向的状况分析。

尼采的"快乐的科学"是一种新的思维方式,旨在就我们对真理、认识和存在方面的问题做出解答。他没有把自己的这项计划当作一套现有的知识——例如自然科学——来实践,而是致力于将思维的方法发挥到最大效力,而这也是求知者现在所必须培养的。沃尔特·考夫曼认为,尼采标题中的"快乐"一词,应该以一种非传统的意义来理解,它是一种挑战常规的知识,并为尼采的"非道德主义"——即在不受道德偏见和恐惧束缚的情况下提出问题和难题——奠定了独特的基调。尼采的快乐的科学这一概念,部分地受到了11—14世纪普罗旺斯骑士和行吟诗人的启发,尤其是他们对宫廷爱情的艺术实践。尼采在《瞧,这个人》中说,他之所以尝试这种"越过道德的舞蹈",是为了表达一种完美的"普罗旺斯主义"(Provencalism)。尼采在《善恶的彼岸》的第260节中谈道,"爱是一种激情",并指出这种想法是由"普罗旺斯的骑士-诗人发明的……他们正是开创爱情诗艺术*的人，欧洲从他们那里得益良多"。一位评论者是这样对快乐的科学进行具有启发性的定义的：它是一种"哲学宣福"（philosophical beatitude）式的术语，在其中，最清晰也因而最不确定的知识，都伴随着最欣快的情绪。[3]而这正是本章开头的格言所展示的内容。

尼采在第二版《快乐的科学》（1887）序言中说，快乐的科学指的是一种精神的饱和状态，它强烈、冷漠而又绝望地拒斥一种持久的、可怕的压力或负担，但现在，这种精神突然遭逢了希望。在谈及他的身体康复时，尼采并没有声称自己找到了那些过去困扰他的问题的答案，而是说他发现了新的和原创的事物。这种精神的信仰在于未来的"明天、后天"，而非过去。实践快乐的科学的自由精神，已经放弃了对生活的某些终局和最终状态的希求，这些希求只能导致人们对彼岸、某一

---

* 原文"gai saber"为古普罗旺斯语，指的是创造爱情诗歌的艺术，一般是指普罗旺斯行吟诗人团体的创作。

外在或尘世之上的渴望。自我解放，意味着从自己的浪漫主义中解放出来。对未来和新生事物的期待，不能简单地归咎为苦恼和无能为力。尼采唤起了一种精神的理想，这一理想知道如何处理迄今为止被称为圣洁、善良和神圣的一切事物，这是一种"人的、超人的福祉和仁慈"的理想，而当它面临迄今为止所有世俗性的严肃问题时，就会显得是非人性的（《快乐的科学》，格言342）。尼采正意欲寻找一个自由精神的社区，它们不会因为过去的沉重压力而受到抑制，却能感到自己的求知欲"非常轻快"（同上，格言380）。尼采强调，关键的问题"是我们有多轻或是多重"，即"我们的'比重'问题"。

格言343是《快乐的科学》第五卷的开篇，这一卷的标题为"我们这些无所畏惧的人"，它致力于探索尼采式的愉悦主题。格言中所提及的事件，可以说是最近发生的最重大的事件，为了传达这一事件的最大影响，尼采使用了一些色彩高度丰富的意象：夕阳、暗淡的落日和衰老的世界。这一事件将撒下它的阴影；它实际多变的特性不会被所有人感知和了解到，因为，对许多人来说，它仍然显得遥不可及；而且，对许多人来说，更难掌握的是此一事件的意义。不仅仅是宗教信仰崩溃，更甚的是，建立在这种信仰上的一切，从现在起都将彻底动摇。在用格言所表达的这一点上，我们开始看到的是对可见的太阳的描述，接着这番描述转向太阳被遮住，显得黯然失色。通过此种场景转换，尼采开始引入一系列的问题，一步步地暗示读者将要揭示的内容是什么。

在此条格言的最后一部分，尼采似乎想表明，自由精神一直在耐心等待着这一事件，并且在很大程度上已为其到来做好了准备。例如，他谈到人们对认识的特殊热爱将再次成为可能，以此来揭示某种回归正在发生。视野开始变得清晰，也许，这并不是第一次。但是，尼采还是抑制不住地表达了这种让他不知所措的自由之感，因而，他选择通过一个提问来结束这条格言，即想知道是否存在一个像现在这样向我们敞开的广阔大海。然而，在接下来的一条格言——"我们虔诚到何种程度"——中，便立即出现了一种告诫之音，尼采清楚地表明，现在，所有具有自由精神的哲学家和知识的爱好者，都将面临一些极为艰巨的新任务。

这将在下一章中进行重点介绍。我将在本章的其余部分中，专门阐明上帝之死和尼采的愉悦感这些主题。青年时期的尼采，对上帝之死及垂死的众神等概念并不陌生。他在1870年的笔记中宣称，他相信古老的德国谚语："众神都必须死去。"甚至在比这更早一些的时候，在一封1862年写给学校里某位朋友的信中，尼采这样写道，成为圣人（man of God）表明，我们本不应在无限永恒中寻求祝福，而应该将我们的天堂置于人间。彼岸世界的幻想只会使人类错误地对待这个凡尘的世界。尼采绝不是第一个谈论上帝之死的哲学家。比如，哲学家黑格尔在其著作《宗教哲学》中就写过此点，黑格尔引用了1641年路德教的一篇赞美诗，其中就包含"上帝本人已经死了"这句话。在尼采的书中，这一事件有双重的意义。一方面，它道出了象征之神——也就是基督教中特指的上帝——的死亡。尽管这位上帝使得人类对自身和尘世产生了病态的仇恨，但他也因此使人类意志免受理论和实践上的虚无主义的侵害。另一方面，这也意味着神学家、哲学家和某些科学家的上帝已经死了，即那位作为守护者，防止整个世界缺乏结构、秩序和目的的上帝已死。在《快乐的科学》的格言109——这一长段紧接在一段简短的话语之后，在这短短的一段中尼采提到了上帝之死（格言108）——中，他明确指出，连上帝的影子也必须消除。我们需要提防许多事情，例如：将整个宇宙视为活物或某种机器；认为只剩必需时才会有自然法则；认为当生活仅仅是一种特殊的死的类型时，死亡就是生命的对立面；用对物质的崇拜来代替上帝的虚构；等等。简而言之，尼采认为，我们在认识上的困难情形，仅仅是因为我们意识到，我们的审美和道德判断都不适用于这个宇宙。在这条格言的最后，尼采呼吁，要停止让这些上帝的影子继续遮蔽人类的思想，而这只有通过将上帝从自然中驱除才能够实现。

对尼采来说，人类在历史上已经走到了这样一个转折点，即人们对上帝的信仰已经变得难以置信。我们现在正在阅读的这条格言，就是尼采对这一议题所表述的观点。这里并不需要无神论者的参与以证明上帝不存在，仅仅是因为，这并非一个形而上学的问题。在《快乐的科学》的格言357中，尼采承认，叔本华是德国思想家中第一个毫不妥协的无神论者，对于叔本华来说，存在的非敬虔本质，是显而易见而且无可置疑的。叔本华的正直可信基于以下这样一个事实：当有人试图在这一问题上旁敲侧击时，他会变得义愤填膺。尼采认为，无条件的、诚实的无神论，代表着"欧洲的良心"（European conscience）的胜利，这一胜利是通过克服重重困难而赢得的。这是"2000年来对真理的追求所导致的最致命的举动，最终它使得人们废弃掉了信仰上帝这一谎言"。具有讽刺意味的是，战胜上帝的其实是基督教道德本身及其对真诚（truthfulness）概念的理解，也即对智性和道德上的洁净的追求。忏悔者对基督教良心的改良，最终会将这一改良升华为科学的良心，这是"不惜一切代价"的智性的良心。现在，已告终结的事情还包括：视大自然就好像它能够证明上帝的善良与关怀似的；用一些神圣的理性和道德世界秩序的证言来解释历史；虔敬地述说自己的经历，就好像它们是为了救赎灵魂而被神设计和制定的一般。

尼采显然是希望通过培养和提升新的精神上的成熟，来使我们充分应对新的环境，使我们能够发现自己身处这种境况中，却能够不被幻灭感和绝望感所吞没。在他的早期著作《人性的，太人性的》一书中，尼采提到了后形而上学时代对必备性情的需求，也即欣快的灵魂（《人性的，太人性的》，第34节）。的确，在尼采的所有著作中，贯彻始终的，是与自己愉悦感的意义角力。在《快乐的科学》的格言343中，尼采使用的德语单词是"Heiterkeit"，它具有讽刺意味，意思接近于"那将会很有趣"。举个例子，当你外出散步时，看到一团巨大的乌云飘过来，并预感到自己将会被雨淋湿浇透，然而，即使知道有下大雨的风险存在，你还是决定继续去散步。尼采在此条格言中所展现愉悦的方式，很显然包含了此种意味：它代表了在追求知识的道路上所具有的冒险和无畏精神。尼采的愉悦有着多重隐藏的深度和广度。这一愉悦也说明了，他本人对基督教的上帝之死这一可怕事件所持有的独特距离感。

在他的第一本书《悲剧的诞生》中，尼采就以愉悦奠定了此书的主题。他提到，人们需要正确理解"希腊式愉悦"这一严肃而又重要的概念（《悲剧的诞生》，第9节）。他认为，对这个概念的误解在当下无处不在，而这种误解的状态从未被人反驳和厘清。这其中所缺少的，是对存在的深度不够重视，希腊式愉悦的概念正是从中发展而来，它也对悲剧性视野具有形塑和启发意义。在《论作为教育家的叔本华》一书中，尼采试图阐明，存在两种截然不同的愉快的思想家。真正的思想家，不管是在严肃时刻还是幽默时刻，总是能表现出欢快和活力，他们不是通过颤抖的双手和布满泪水的眼睛来表达自己的洞见，而是通过其勇气和力量，以一个胜利者的姿态来展现的。尼采补充道，最深刻的欢呼发自真正的思想家，他们能够使我们"看到大获全胜的上帝，以及那些被他所制服的妖魔"（《论作为教育家的叔本华》，第2节）。如果思想家佯装是新见解和新真理的教育者，却又缺乏勇气、不能够交流，且不知晓为获胜利而付出的代价，那他们的存在就没有任何意义。与此相反，那些平庸的作家和思维敏捷者的愉悦会使我们感到痛苦。尼采说，这种愉快的思想家，并没有看到他声称看到和克服的各类痛苦及妖魔怪物。浅薄的思想家的愉悦也需要被揭穿，因为它试图使我们相信，事情远比其实际所是要容易得多。我们能够回应的愉悦，一定是来自思考得最为深沉、热爱最有生命力的事物的思想家。

尼采认为，要使我们的思想变得更有价值，我们所考虑的事情就必然会带给我们痛苦。我们必须热爱我们的问题，因为只有这样，我们才能对问题的深度和重要性有所把握。这是尼采哲学思维方式与众不同的特色。在《快乐的科学》第二版的序言中，尼采这样写道，身体经历过各种不同健康状况的思想家，也因而经历了同等数量的哲学，因为哲学无非就是一门变形艺术（art of transfiguration），思想家通过这种变形将自身的健康状态转化为一种精神上的形式和距离。与人们普遍的想象不同，哲学家并不是一只会思考的青蛙，也不是去除了内部结构的机械之物。思想必须脱胎于生活的苦难和考验，然后被赋予"鲜血、心灵、热情、喜悦、激情、痛苦、良知、命运和灾祸"。尼采说，生活，在其本质上是指，将我们所是和所成为的一切，也包括那些伤害我们的一切，都转化为光明与火焰。只有在掌控自我的各种练习中，人们才会成长得与以往大不相同，并开始思考此前不曾考虑过的更多问题。可以肯定的是，我们对生活的信任已经消失了，并且是永远地消失了，这仅仅是因为生活已然成了我们要面对的一个问题。然而，尼采还是劝告我们不应草率地得出这样的结论，以为这必然使我们感到阴郁和沮丧。热爱生活仍然是可能的，只是现在，我们对生活的爱变得有所不同了。关于这一点，读者可以将其与"对女人的爱使我们怀疑自身"的论点相比较。

对生活的问题感到高兴，需要高度灵性的思维，还需要克服恐惧和阴郁。尼采的愉悦感源自他的认识经历，包括求知的实践可能会导致幻灭和绝望的经历，这也是需要被克服的长期压力。尼采认为，快乐的或欢快的科学是一种奖励，例如，它"是一种对持久的、勇敢的、勤奋的、默默无闻的严肃工作的奖赏"（《论道德的谱系》，前言第7节）。知识要在"一种充满危险和胜利的世界中被感知和理解，只有在其中，英勇的感觉才会油然而生"。尼采提出的一种原则是，"生活是一种获取知识的手段"，在其中，求知不应被视作一种精神上的义务，也不能以一种灾难或欺骗的方式来进行（《快乐的科学》，格言324）。尼采谈道，人类的智力是一架"笨拙、阴郁、吱吱作响的机器"，他还提及，当人类在进行过于严肃认真的思考时，人们似乎总是会失去良好的精神状态（《快乐的科学》，格言327）。他想教会人们，智识不必成为这样的一架机器，并且人们要敢于挑战这一偏见，即认为凡是源自欢笑和快乐的思考都是毫无用处的。尼采在他后期的作品中仍继续谈到他的愉悦感。例如，在自传《瞧，这个人》中，他这样写道："在恒定真理之中，除了感到愉悦，别无他物。"(《瞧，这个人》，"我为什么能写出如此好书"，第3节）

在《快乐的科学》的格言125中，疯子开始提问，在应对上帝之死这一事件时，我们现在是否应该自己成为众神。疯子说，从来没有比这更重大的事件了，"仅仅因为这一事件，所有在我们之后的时代出生的人，都将成为这一更高历史的一部分，他们站在比迄今为止所有历史都还要高的起点上"。

在尼采写这个寓言的几年内，虚无主义的问题开始支配他的思想。正如沃尔特·考夫曼所指出的那样，如何摆脱虚无主义，是困扰尼采最为持久的问题。因为，这似乎既涉及主张上帝存在（因为否认上帝存在会剥夺这个世界的价值），同时又要否认它（因为承认上帝存在则似乎剥夺了一切事物的意义和价值)。我们发现,在《快乐的科学》的格言357中,尼采对此有所表述,他在书中写道:"当我们因此拒斥了基督教对这个世界的阐释,并谴责基督教的'意义'是伪造之物时,叔本华的问题,便立即以一种令人恐惧的方式,赫然摆在了我们面前:存在到底有什么意义呢?"尼采认为,要完全厘清这一问题,可能需要花费好几个世纪的努力。尼采在他后期的著作,例如《反基督》中,试图通过解决以下问题(这也是他自己的提问)来快速解决这一关于意义的问题:"人"作为一个整体,而不是作为一个民族或一个种族,其目的是什么?为了达到这种目的,人类又该怎样成长和规训?关于这一议题,我们将在本书的第九章中进行讨论。

第四章 论真理与知识

知识的起源。——在悠长的岁月里,人的悟性除了铸成错误外,别无其他。有些错误被证明是有益的,有助于保存人的本性。人们遇到这些错误或承袭错误的人,便怀着更大的幸福情感为自己为后代奋斗着。这些错误的信条代代相沿地承袭,最终变成人性的基本要素。比如存在如下一些错误的信条:存在恒久不变的事物、相同的事物;存在着物体、实体、肉体;一个事物看起来是什么就是什么;我们的意志是自由的;什么东西对我有益,那它本身就是有益的。如此等等,不一而足。

很晚以后才冒出怀疑和否定这些信条的人;很

晚以后真理才露头，不过也只是一种无力的认知形式罢了。人们似乎不想同真理共同生活，我们的肌体组织是为真理的对立物而设置的，肌体的高级功能、感官的感知和每一种情感都同那些自古就被接受的基本错误合作，更有甚者，那些信条在认识领域居然成为人们判断"真"与"假"的标准了，直至纯粹逻辑最冷僻的范围，概莫如此。这就意味着：知识的力量不在于真实的程度，而在于知识的古老、被人接受的程度，以及它作为生存条件的特性。

凡是在生活与知识发生矛盾的地方，绝不会出现严肃的斗争，否认和怀疑是被视为愚蠢的。尽管如此，那些不同凡响的哲学家，比如古希腊的埃利亚学派，就提出并恪守与那些错误对立的观点，他们相信，这些对立的观点是可以生存下去的。他们认为哲人坚定、冷静客观、视野包罗万象，既是个人又是全体，对于反向的知识具有特殊能力；他们相信，哲人的知识即为生活的准则。为了能保持这些，哲人必须对自己的现状发生错觉，必须恒定地虚构自己的冷静客观和历久不变，对认知者的本质予以误解，否定认知中本能欲望的力量，把理性视为完全自由、自发产生的活动，他们在反对普遍通行的事物的斗争中实现自己的准则，或者在要求获得安宁、占有和统治时也实现自己的准则，对于这些要统统视而不见，用手捂住双眼。诚实和怀疑二者的高度发展终难造就这样的奇才；他们的生活与判断依赖于原始的本能欲望和一切感知的基本错误。凡是在两种对立原则都适用于生活的地方，就会产生诚实和怀疑，因为这二者都能容忍那些根本性的错误，从而也就会出现争执，争辩某种功利是大还是小。

诚实和怀疑也会出现在那些地方：新的定则对于生存虽则无益，但也至少无害，新的定则是一种智性的游戏本能之表现，就像一切游戏一样，它们既无害又使人快乐。人的脑海慢慢充满这类评判和信念，于是，从混乱如麻的思绪中产生酝酿、斗争和权欲。在为"真理"而斗争的过程中，不仅功利和欲望，而且每一种本能均各有偏袒；智斗成了工作、刺激、职业、义务、荣耀。终于，知识与求真作为一种需要，而归并到其他需要之中，从此，不单是信念,而且审察、否认、怀疑和矛盾都成了一种力量,一切"邪恶的"本能全都从属于知识,为知识服务,并且得到被许可、被尊崇和有益的荣光,最终成了"善"的眼睛,清白无辜。

这样,知识成为生命本身的一部分,进而变成日渐增强的力量,最终知识和那些天荒地老的根本性错误互相冲突,二者都是生命,都是力量,二者共存于同一个人身上。思想家这时成了这样的人:在求真的本能欲望被证明是一种保存生命的力量之后,他内心求真的本能欲望便与那些保存生命的错误开展了首次斗争。与这斗争的重要性相比,其他的一切都无关宏旨。在这时,提出了有关生存条件的最后一个问题,这时也首次进行了尝试,并用试验对此问题作出回答。真理在多大程度上才容忍那些被接受的错误呢?这既是问题,又是试验。

——《快乐的科学》,格言110[*]

---

[*] 此部分的中文译文,参考:尼采,《快乐的科学》,黄明嘉译,上海:华东师范大学出版社,2007年,第194—196页。

尼采关于真理的陈述使他的评论者备感困惑。比如，他因以下一些论点而臭名昭著：生活并不是声张真理的论据，因为生活中的种种情形可能会包括谬误（《快乐的科学》，格言121），人的真理可能只是他无可辩驳的错误（《快乐的科学》，格言265），以及，承认生活状况的"非真实"性，就是使人类自身超越了善与恶（《善恶的彼岸》，第4节）。许多论者都对尼采的这些谜语失去了耐心，因为，他们期望哲学家能只就真理讲述其最为显而易见的事实真相。为了捍卫尼采的游戏性（playfulness）——实际上，这种游戏性一如既往地掩盖了尼采思想中沉重的严肃性——我们也可以说，哲学家的工作就是动摇那些我们认为坚实的确定性，并挑战我们的传统信念。尼采认为，没有比我们对真理的信念更为顽固的信念了。

关于这一主题，尼采的最早思考出现在一篇名为《论真理的感染力》的论文中。从标题中我们看到，尼采是从我们对真理的感受（即我们对真理的信念和我们对真理的渴求）这一角度来探求真理的。在尼采早期的著作中，我们会遇到如下一些陈述：我们对真理的需求与我们对幻想的需求之间存在悲剧性的冲突；我们对真理的追求是一种无条件的义务，这种追求本身可以是一股敌对性的力量，它甚至可以毁灭整个世界；真理杀死了它自己，事实上，当真理认识到自己建基于谬误之上时，真理就杀死了它自身；一切好的和美丽的事物都建立在幻想之上："真诚，作为所有契约的奠基石和人类物种生存的前提条件，是一种幸福的需求。它独立于这样一种认识，即认为至高的福祉源自幻象。"[4]尼采将真理视作一种无条件的知识的力量，并在此基础上对真理提出了质疑。他之所以说认识是谬误，是因为尼采认为，我们的认识必然不够精确，具有局限性和相对性等特点。尼采在他的后期著作中指出，理性的划分类别是基于我们人类作为一个物种的生物性需求，这些需求包括安全需求、控制环境的需求，以及快速理解生活中的迹象的需求（《权力意志》，第513节）。我们在理解了一定的现实以后，才能掌握现实；经验的积累靠的是我们对感知的规律性理解，以及对恒定和可估算的事物的认识。我们无权这样去假设，一切有利于保护如人类般物种的事物，都有助于我们认识真理。

在尼采的著作中，真理没有唯一的含义。有时，真理作为一种存在的形式出现，而在另外一些时候，它是以认识论的术语来加以呈现的。在后者中，所涉及的核心问题便是，我们的思想范畴是否与这个世界相呼应，或者说，它们是否首先使我们能够构建和制造一个世界，然后使得我们可以从经验上来解释这个被建构的世界。这就是为什么尼采会说，我们的思想类别和判断并不能说是"正确"的，而且实际上，它们很有可能是"错误"的（这显然将会是一个错综复杂的评估）。在存在主义阐释这一方面，在我们通往自我认识最艰辛的道路上，尼采宣称，错误是一种盲目和怯懦，他还指出，个人价值的衡量标准，就在于人们敢于并能忍受多少真理。只有在严厉的自我否决中，我们才能在知识的道路上有所进益。尼采所坚持的观点，是我们通常认为不可能的观点立场。一方面，自我认识的获得使得实践真理成为必需；而另一方面，人们不可能一直生活在真理之中，而且，真理永远不可能是生活的一种适当的媒介。较为清楚的一点是，对尼采来说，无论如何去理解真理，真理都不具备形而上学的地位。这种主张也是尼采致力于提倡的"透视主义"（perspectivism）的一部分。简单地说，透视主义认为，事物实体仅在某一种视角之内和某一阐释视域内才得以存在。尼采在《善恶的彼岸》第34节中论证，只有在"透视主义式的评估和表象"基础之上，生活才成为可能（也可参见《快乐的科学》，格言374）。

在"知识的起源"[5]这条格言中，我们发现，尼采正对真理的出现进行一番进化论式的演绎，并就我们赋予真理的价值，提出了一些新颖的问题。今天，在我们所生活的境况中，知识本身已经成为生活的一个部分。实际上，对真理的关注出现在人类生活进化发展的晚期，并且由于人类发现真理难以忍受，长期以来它一直是最弱的一种认识形式。尼采在这条格言中所讲述的故事，是基于这样一个事实：人类在进化论历史中的大部分时间里，通过吸收（incorporate）一系列基本错误而生存下来，甚至繁盛起来，而这些基本的生活错误，变成了一系列"错误的信仰条款"。例如，人们认为存在相同且长存的事物，还认为事物就是我们第一眼看到的样子。

紧随着《快乐的科学》的格言110，尼采对我们最基本的思维方式的起源和发展，做了一番"准达尔文式"（quasi-Darwinian）的描述。例如，人一直能够根据其身份来进行思考被证明有益于其生存斗争，因为这就意味着，所处环境中的事物可以被迅速识别，进而采取迅捷及时的行动。若处处都是永久性的变化，那对于某一动物物种的进化而言，将是灾难性的。正如尼采所指出的，"那些没有看得很清楚的人，比那些看所有事物都是'一团混沌'的人已经进步了很多"（《快乐的科学》，格言111）。到目前为止，决定知识的优势或力量的，不是我们所想象的真理的认识程度，而是知识是一种生活状况这一特征。只要生活和知识存在冲突之处，否认和怀疑都会被视为疯狂的表现。现在，一种新的情形已经出现，对知识的追求和对真理的向往都被当作强大的需求。尼采在这条格言的结尾处说，当今的思想家是这样一种人，"他内心求真的本能欲望正与那些保存生命的错误开展了首次斗争"。进行这样的斗争是因为，为真理而奋斗也是一种保存生命和增强生命的力量。为了使真理得到进一步的发展，有必要进行一项实验。这将会是一项带有吸收的新形式的实验。

德语里表示"吸收"的单词是"einverleibung"，与英语单词一样，其字面意思都是吸收进身体（leib）。这一概念，显然是指身体从外部吸收进某种东西给自身（这可以是一种简单的生命形态，例如原生质；也可以是更为复杂的有机体，像我们自身、社会、某一种族的人等等）。对尼采来说，存在的一切，如果是进化过程的结果，都会包含某些陌异于己的物质。身体不会通过在其自身内部或在内部和外部之间建立起封闭或固定的边界来进化自身；如果这样的边界存在的话，那么实际上，任何事物也不会发展和进化。这就意味着，身体并不存在这样一个一劳永逸、恒定的身份，本质上，身体具有一种可塑的和可适应的能力，这种能力能够应付深刻的变化（这就是尼采在将生命称作"权力意志"时所表达的意思，它一般被视为所有有机生命体对增长和扩展的渴望）。这种变化是通过同化和整合的过程而发生的。所有的生物机体都必须学会通过自身的变化来适应环境，因为在进化的法则中，我们并不知道哪些是可以同化的，哪些又是不能够被同化的（尽管很显然，存在着弱肉强食、适者生存的争斗）。在这一点上，尼采同意斯宾诺莎的观点，斯宾诺莎认为，我们并不知道身体的极限在哪里（《伦理学》第三部，第二论点，注释）。

关于真理，尼采心中的实验是要找出真理所涉及的内容，以及在特定的空间或视阈中，人是如何学会生活的。摄取真理（ingest truth）并不常常意味着要融合一系列特定的或实际的真理；相反，我们需要考虑一系列关于真诚的实践，例如，永远的怀疑、信念的悬置、疑惑、对事物保持一定的距离，并对其进行仔细的审查，等等。迄今为止，人类只吸收或同化了一些基本的错误，这些错误根植于我们用以适应存在的环境。有两个观点一直困扰着尼采：第一，这类错误似乎是我们人类动物的存在所必犯的错误，因此它不容易被克服；第二，真理是一种内在的人类学概念，因而在人类生活条件（出于保存自身和增长扩展的条件）之外，真理没有任何意义可言。尼采在其1887年的著作中阐明了他对真理的立场，即以一种存在的方式将其理解为"对真理的意志"，他以一种非同凡响而又令人不安的方式提出了质疑（《快乐的科学》，格言344;《论道德的谱系》，第三篇论说文，

第23—27节）。尼采表示，这种意志只是暂时受到质疑，并紧随其后对其进行了批判。

尼采在《论道德的谱系》第三篇论说文中，将现代科学称为一种思想的最新和最崇高的实践。他认为，这种思想是迄今为止由人类发展出的唯一理想，他也正在对它进行质疑。这就是他所谓的禁欲主义的理想，我将在第九章中进行更加全面的探讨。尼采将科学说成是这一理想最崇高的呈现，这一事实并非无关紧要。尼采是在告诉我们，他不想扫大家的兴，诚恳的匠人专心致志于他们的手工艺作品，而他，也乐在其中，满意他们的作品。然而，尼采坚称，科学还是各种"不怀好意的幽默""喋喋不休的虫豸"和"良心谴责"的藏污纳垢之所（《论道德的谱系》，第23节）。对照德语中的科学一词"wissenschaft"，尼采并没有将其批评仅局限于自然科学，而是将其扩展到任何已被规训的知识实践。例如，在第26节，他以现代史学为例，并对其发起了攻击，因为现代史学一心想成为现实的一面镜子。现代科学不仅拒斥所有的目的论理论（即对具有终极目标和目的的事物的关注），而且轻蔑地扮演法官一角，它肯定的东西还不如其否认的东西多，并且对于仅仅是断言和描述，它就已心满意足。尼采认为，"所有这些，在很大程度上，都是禁欲主义的表现；但从更高的程度而言，它是虚无主义的，对此，请不要搞错了！"（《论道德的谱系》，第三篇论说文，第26节）。作为一种"对现实的真正哲学"（genuine philosophy of reality），现代科学有勇气做它自己，并且，它还发现，在"没有了上帝、彼岸和否认美德"（同上，第23节）之后，它还是能够运行得很好。尽管如此，尼采认为，那些循此路线而提倡科学的人只是沉迷于"喋喋不休的宣传"，而那些目前宣扬现实是认识的客体的人，则是真正的"坏音乐家"。尼采强调，他们的声音"不是来自心灵深处，科学良心的深渊也不是发自他们的声音"（引用出处同上）。这是什么样的深渊呢？

科学缺乏超越其自身的理想，例如，对强大信念的热情会给求知设立一种目标和决心。科学拒不承认，认识的实践有其必要且至关重要的阐释基础，它与阐释必不可少的一切并无多大联系。在这里，尼采列举了诸如"强迫、调整、缩短、省略、填满、发明、伪造"等形式。我们的认识将始终涉及透视主义的一种选择，而这一事实不应被简单地视为认识的对立。尼采对现代科学开战，是因为，它从根本上并没有真诚地渴求知识。实际上，现代科学利用了尼采列举的阐释所必不可少的构成要素。尼采强调，没有预设前提的知识是不可想象的。为了使知识拥有正确的前进方向，某种哲学或某种"信念"就必须来支持它（《论道德的谱系》，第三篇论说文，第24节）。科学并不与自身对抗，相反，它选择否定它自己，从而允许自身臣服于现存的力量之下。

尼采呼吁对真理的意志进行批判。这并不是一个完全消极的任务。我们需要在特定的意义下体会"批判"一词。在某种程度上，它与康德最初的批判概念有所联系，后者旨在明确事物的范围和边界（在康德的语境下，这指的是纯粹理性、实践理性和判断力批判）。我们可能想要指出，科学需要被证明为合理（它的存在理由是什么？），但是，实际上在这里，我们不能假设有这样一个理由。相反，尼采指出，我们要将真理视为一个问题："从禁欲主义理想之神的信仰被否决的那一刻起，也就出现了一个新的问题：何为真理的价值？"（引用出处同上）自由的精神并非真正的自由，除非它学会了要对真理的信念提出质疑，并知道如何对这种信念进行质疑。这就是为什么尼采会说，仅仅做一个虚无主义者、非道德主义者或反基督主义者，是远远不够的：所有以上类型的人，只有在他们知道如何质疑真理意志，并对其加以批判之后，才能不沦为知识的理想主义者。

吸收的议题，在尼采对自我认识的任务构想中，也具有重要的意义，其中也包括人们如何学会自爱。自由的精神是这样一种精神，它知道如何消化知识，并依靠其生活，汲取精神的食粮。尼采所反对的精神，被他命名为"重压之魔"*（the spirit of gravity）。这是一种因知识和存在之重而变得不堪重负的精神。它需要咀嚼和消化一切事物，就像贪婪的猪一样。重压之魔是一种不知道如何去整合知识——即如何消化和调节知识——的沉重精神。作为一个有限度的人，自爱是至关重要的："人必须学会用健全而健康的爱去爱他自己，以便他可以独

---

* 此处参考了钱春绮老师在《查拉图斯特拉如是说》（北京：生活·读书·新知三联书店，2012年）中的译法，因其生动形象，于此借用，特此说明并致谢。

自忍受，而不至于去远方游荡……"(《查拉图斯特拉如是说》，"重压之魔"，第 2 节）这种对自我的爱是所有艺术中最完善的，也需要细心和耐心的呵护。这种自爱并不在于强调生活难以承受，而是说人类动物很难与自己相处：它必须学会调节人内心诸多而又相互矛盾的欲望，并消化欲望所带来的一切，这也必然包括其生活经历。

尼采深信，不惜一切代价渴求真理，是一种不良趣味的标识，也是年轻疯狂的表现。精神就是通过汲取这一重要教训而变得自由的：需要保持知识的界限（《反基督》，前言）。尼采在《快乐的科学》的序言中说，我们不应该想去了解世间万物，也不应该直视万物赤裸裸的本质。他为寻求自由的精神而设定的复杂任务是，"跳脱出深刻"，变得浅显。在《善恶的彼岸》（第 230 节）中一条长格言的结尾处，尼采大力抨击那些坐享其成、"捕鸟型"（bird-catcher）的形而上学家。因为，正是他们告诉人类动物，存在一个区别于自然的、更高级的不同起源，并借此将我们的精神席卷到其他世界之中。接着，尼采盘问他的读者和自己：即使知识处在最深刻和最崇高的地位，它也从来不会带领我们人类超越自己的虚荣心，而现在，我们将人类再次转译回到自然，只是为了"掌握更多自负的、过度热情的阐释和次等意义。迄今为止，这些意义都已经被草草涂鸦在了那个叫作'人类本性'（homo natura）的永恒的原始文本之上"。果真如此，我们为何还要因此而烦恼呢？难道它仅仅是一个疯狂的计划吗？对于尼采来说，知识的计划值得我们去困惑，因为，是学习的过程改变了我们自身（《善恶的彼岸》，第 231 节）。要知道，哲学家并不仅仅是提供人类思想源泉的人；相反，哲学家还意欲表明，就像精神是胃一样，思想是粮食（同上，第 230 节）："思想所起的作用，像所有的营养物质一样，正如生理学家所知道的那样，它们并不仅仅'维持我们身体的基本运转和生存'。"（同上，第 231 节）我们试图用来解决问题的方案激发了我们坚定的信念，而这些信念，不过是通往自我认识道路上的一个个脚印。在这一路上，我们必然还会遇到，而且会非常深刻地认识到——人类自己的极大愚蠢。

第五章 论记忆与遗忘

豢养一种动物，让他可以做出承诺（make promises）——这岂不正是大自然在涉及人的问题上一个自相矛盾的两难处境吗？这不正是关于人的真正难题之所在吗？……至于这个难题已经在很大程度上得到了解决，这在那些善于充分估价遗忘（forgetfulness）的反作用力的人来看，想必是更让人吃惊的事情。遗忘并不像人们通常简单想象的那样，仅仅是一种惯性，它其实是一种主动活跃的、从最严格意义上来讲是一种旨在抑制（suppress）的积极能力。由于这种抑制力的存在，那些只是为我们所经历过的、所知晓的、所接受的东西，在被我们消化的过程中（可以称这种消化过程为"摄入灵魂"的过程）很少能进入我们的意识，这就如同我们用身体吸收营养（即所谓"摄入身体"的过程）的那一整套千变万化（千篇一律）的过程一样。意识的门窗暂时关闭了起来；不再受到那些由我们的低级服务器官来对付的噪声和争斗的骚扰；从而使意识获得了片刻的宁静，留下些许的空白，以保证意识领域还能腾出地方留给新的东西，特别是留给更为高尚的工作和工作人员，留给支配、预测和规划（因为我们的机体运作结构是寡头式的）——这就是前文我们提到过的积极主动的遗忘的功用，它就像是一个门卫、一个心灵的守护者，给予我们秩序、宁静和规范。显而易见，人如果无法遗忘，也就不可能有幸福、欢乐、希望、自尊，进而也就没有了现实存在。一个人的这种阻碍机制如果受损或失灵，那么，这个人就如同一个消化不良的病患（也许，还不仅仅只是雷同——），比如，他将无法自如"应对"一切,做什么也不能够有所"成就"。

——《论道德的谱系》,
第二篇论说文,第 1 节[*]

在《论道德的谱系》第二篇论文的开篇章节中,尼采着重探讨了记忆和遗忘,该节论文专门分析"罪责内疚"(guilt)、"问心有愧"(bad conscience)等相关议题。在本章中,我想仔细研究尼采在这方面的相关论述,并将其与我们在尼采其他著作中发现的对这一话题的反思联系起来。尼采从病理问题的研究角度来看待记忆,他认为,记忆与健康和疾病休戚相关,可以将其分为强健的意志(strong will)和病弱的意志(ill-will)。这也就丝毫不难理解,为何我们发现"吸收"和"消化"问题会是他哲学沉思的重点。对尼采而言,记忆绝非形式上的器官或是抽象的官能;相反,人们最好从生理基质的弥散功能来理解记忆。从本质上而言,记忆是情感性的,

---

[*] 此处的中文译文,参考:1.尼采,《论道德的谱系》,周弘译,北京:生活·读书·新知三联书店,2017 年,第 47—48 页。2.尼采,《道德的谱系》,梁锡江译,上海:华东师范大学出版社,2015 年。

与人们的内驱欲望有关。有评论者指出，在尼采那里，记忆的回归（return of a memory）指的是这样一个时刻：那些在无意识中潜伏、存活下来的生命体验在意识领域复苏和爆发。这也是对后来西格蒙德·弗洛伊德心理分析观点的明确预示。[6]的确，尼采会说，唤醒记忆的不是"我"或自我（ego），而是"它"。

《论道德的谱系》一书的第二篇论说文，首先是从"人的问题"出发：人类是一种已发展出有"承诺"能力的动物，而尼采认为，这是自然在人类问题上设置的一项自相矛盾的任务，也是人类面临的真正问题之所在。这种承诺的能力很重要，因为通过使用这种能力，人类动物变成了时间动物。所以，当一个人许下诺言时，他就将自己置于与时间的关系中，他通过认识和计算时间来使自己为自己的行为全权负责。在这一节的最后，尼采希望我们注意，在成为"时间的动物"和感到我们对自身的未来有一定程度的掌控权（未来本身是作为一种时间的形式而得以存在的）之前，势必要做到一些事情：例如，学习怎样去区分偶然发生之事和人为努力而使之发生的事情，形成因果关系方面的思考能力，以及将未来视为当下并对之进行预期的能力，等等。要想成为一种能够进行盘算和计算的动物，人类必须首先在其自我形象中成为一种"可靠、规律、自动"的动物。这就是尼采在《论道德的谱系》第二篇论说文中接下来继续探讨的内容，在随后的章节中，他讨论了"习俗的道德""社会的束缚"等所起的作用，以及揭示"记忆术"（mnemotechnics）的作用机制，即它在我们人类身上激起责任感的长久历史中所扮演的角色。

早在《论历史学对生活的利与弊》中，尼采出于对消化、精神健康和生命活力的关注，就已经开始触及知识的基本问题了，这里的知识指的是历史性知识。在这篇论说文的沉思中，尼采对现代人有敏锐"历史感"这一观点开战，他认为，存在不同程度的"失眠、沉思及历史感，超过一定限度，它们将会对活着的人有害，甚而终将是致命的"（《论历史学对生活的利与弊》，第1节）。简言之，"无法遗忘，人就无法生存"。要想确定其程度何在，以便找出人能够遗忘过去的界限，势必要了解个体乃至一个民族或文化的可塑能力。此种能力是指，用个人特有的方式来发展繁荣自身的能力，它同时也是一种吸收的能力,能"将往昔和陌异之物转化并吸收进自身;治愈伤痛;找到失却之物的代替;用破碎的陶具来重塑模型[*]"(引用出处同上)。从一定意义上来说,这是一项救赎的工程,而且它是在选择原则的指导下来进行的救赎。时间上的选择是为了将来而做出的,以便使得将来得以实现。就这方面而言,了解我们自身的能力是必要的,因为,若没有此类知识,人们将会在过往经历中消亡,无论是某次单一经历还是某种痛苦事件。强劲而富有成效的健康,只有在特定视阈的约束下才能形成。尼采认为,这是生存的普遍规律。他这样写道:"快乐、良知、让人愉悦的行为、面对未来的信心——所有这些,对于个人或民族来说,都将取决于一条准绳的存在,它将明亮、可辨析之物和晦暗或黑暗之物截然分开;它还取决于个人的遗忘能力,即当忘则忘,正如在该记住时去铭记一样。"(引用出处同上)不具备此种遗忘能力的人,将不相信自身的存在,继而会在"成为"的洪

---

[*] 根据西方的《圣经》传统,上帝用黏土造人,因而常被称为窑匠或窑工,而所造的人类被称为器皿或陶具。此处"破碎的陶具",意寓不完美或不完整的人。

流中迷失自我。因此，遗忘对"所有有机生命体而言，都至关重要"。

记忆不只是对过去所发生之事或事件的中性回忆，它还与我们的情感或情感生活息息相关。过去之事萦绕在我们心头，使我们感到不安，让我们想起那些业已忘记或希望能够忘却的经历。于是，我们的生活中充斥着木乃伊、鬼魂或幽灵式的幻影——许许多多过往的人物和地点。对我们来说，它们都是些虚拟的存在物。这便告诉我们一则有关记忆本身的重要信息：记忆可以独立于我们的意志而存在。记忆能够以人们无法预料的方式重返，也许，正如小说家马塞尔·普鲁斯特所揭橥的那般，记忆会由于一次偶然闻到的气味或味觉而被触发，然后它会为我们打开那个曾寄居其间，继而又被遗忘的一整个世界。因而，这种记忆的重返是非自主性的，它带给人们极大愉悦的同时，也会带来莫大的痛苦。[7]

尼采深为赞许的做法是，"人们必须修改有关记忆的观念"（《权力意志》，第502节）。我们不妨假设一个存在于时间之外的"人"（soul），这个"人"可以在自身的记忆中进行复制再生产，进而与之产生认同。但是，这又容易让人误解我们人类作为"记忆人"（beings of memory）的本质。换言之，尼采曾言，"唤醒过往经历的程度，取决于'记忆中'的事物"。因而，如果往事重返，我们将无能为力，因为在此种情况下，正如任何思想的形成一样，我们的意志怠惰、毫无行动力。在有意识的感知思维限度中，人们自然会根据当前的需要，来进行相应的记忆筛选。只有那些对当前行为有用的记忆，才会被人们选择并最终纳入意识当中。当然，这并非表明，记忆只会随着时间的流逝而被侵蚀殆尽。相反，记忆作为一个整体，会以其自身所独有的方式（即不活跃的、无意识的和虚拟的方式）而存在。甚至有些时候，特定的记忆可以违拗我们的意志而自行伸张。于是，那些我们认为已死并被埋葬的往事，能够突然而出人意外地复苏。现代人对待生活如此之匆匆，据尼采推测，这一现象之所以普遍，其中一个原因即在于，每个人都在逃离他自身。有时候，我们不希望有停下来思考的闲暇，因为我们害怕会有不愉快的回忆来袭，它们会习惯性地突然自我伸张（《论作为教育家的叔本华》，第5节）。尼采认为，事实上，我们无时无刻不处在被记忆侵袭的困扰当中，"我们生活在对记忆的恐惧中，害怕变得内省"，因为，"我们周围到处都是幽灵，生命中的每一时刻都想对我们倾诉低语"。其实，人们真正需要做的，便是以交际能力来钝化自身，从而可以对那些私语充耳不闻。

尼采这里所讨论的要点，是人们须拥有关键性或选择性记忆的能力，也可以将其称为"生命记忆"（a memory for life），此类记忆会根据所处环境的不同而做出有利于自我繁荣的调整。如尼采在本节中所论证的，记忆和遗忘都以一种积极主动的模式存在，但是，两者又都是需要人为培养的能力。记忆和遗忘至关重要，它们能使人变得积极活跃，这种活跃性的生发，尤其体现在我们与各种人类疾病相抗衡时。尼采强调，遗忘并非一种惰性能力；相反，它是一种旨在抑制的主动能力，没有遗忘，心理秩序和平衡将不复存在。[8] 若无法遗忘，我们将会失去希望、自尊、幸福和愉悦，并会受制于过往发生的一切，困厄其间，感到重压难负。同样，我们的头脑也将会变成一个充满喧嚣之所，思绪中奔忙着无法消化的事物，而我们的行动也将随之受阻，失却行动力。我们还会发现，自己无法创造任何新的事物，甚至无法迎接新事物的到来。尼采认为，可以将此种遗忘能力受损的人比作消化不良的人，后者因为无法消化掉任何食物，所以不能自如地应对一切。恰恰相反，他们只会无休止地反刍食物，从而遭受着未消化掉的经历的折磨。

身体变得羸弱的人，是饱受记忆的蛛丝马迹困扰之人，这些记忆痕迹形成于无意识当中，却又总能进犯意识的领地。因而，问题的症结不仅仅在于，我们在生存当中的行为是反应性而非积极主动的，更在于，我们没有将应有的反应尽情展现出来。而且，与此相反，我们开始对自己的反应有所觉察，进而以此种方式将自己暴露在怨恨的毒瘤中。尼采认为，在崇高的人（noble person）那里，怨恨一经发生，便会在随后所采取的迅疾反应中被消化殆尽，因此，人才不致中怨恨之毒。人们拥有强大的能力，可以去消化内疚与罪责。生病抱恙时，人往往会变得多疑，会耽溺于各种错误的往事，并幻想出过往备受的万般冷落。我们会搜肠刮肚地翻阅旧账，历数过往那些晦涩不明、疑窦重重的故事，然后让自己沉溺其间，饱受猜忌的折磨，进而因自身的毒性恶行而昏聩沉沦。我们甚至会拨弄旧伤，撕开那些久已痊愈的伤疤，露出鲜血淋漓的伤口，让自己再度流血至死。而这时，我们的友人、伴侣和孩子，都将沦为我们这种"自我强迫"（self-obsession）行为的受害者（《论道德的谱系》，第三章，第15节）。我们往往将自身的痛苦归咎于外物，认为某事、某人或他者必须为我们的患病负责。由此，变得顺理成章的是，我们很容易接受各种江湖术士的治疗，这其中也包括禁欲主义的牧师（ascetic priests）的治疗，牧师知道如何用香脂和药膏来医治我们，但他们在照料伤痛的同时，也会进一步毒化我们的伤口。

尼采认为，以上种种都容易使我们产生诸多误解：我们没有很好地解读生活的迹象，实际上，我们正在错误地认同造成我们痛苦与不适的原因，它们通常都是生理原因。尽管尼采坚信此点，但他仍强调，自己是一名"坚定的唯物主义反对派"（这里的唯物主义指的是，以唯物主义作为认识的方法，将所有事物降格为机械的生命体）。在尼采看来，健康的构成很是复杂；任何我们为身体的健康而做的决定，都取决于其他一些因素，例如，我们的能力与冲动，目标与视野，以及被尼采称为我们灵魂上的"理想和幻影"（《快乐的科学》，格言120）。实际上，尼采反对存在或被人们称为"健康本身"之物的想法，他更倾向于论述身体有无数种健康。在生存问题上的唯心主义，也是他探讨的要点，这有着充分理由："生理学上的无知——一般被斥为'唯心主义'——是我生活中真正的致命要害。"（《瞧，这个人》，第二篇"我为什么如此聪明"，第2节）尼采给出的解决方案是，建议人们对构成生活的诸要素，如营养、地理与气候、娱乐项目等等，选择性地加以处理，并将趣味的养成看作一项精美绝伦的艺术来培养。人之所以成其所是，正在于他丝毫感知不到自己是个什么样的人。与之相反，人们必须学会这样来思考："从这种观点来看，生命中的弥天大过……也有其自身存在的意义和价值。"（同上，第9节）这些过错可以指我们所做的错误决定、生命的延宕、遇事的退缩、对己力尚不能及之事的过度投入等等。生活中的诸多事件，并不能通过厄运*和罪责等概念来解读；而善于遗忘的人，能够"足够坚强和健壮[†]，足以使一切都必然朝着有利于他的方向来发展"（《瞧，这个人》，第一篇"我为什么如此智慧"，第2节）。

在《快乐的科学》的卷首语中，尼采引用了爱默生的一句话："过往皆有用，日日是圣日，众生有神性。"努力生活好并不容易，尼采也并没有低估这句话中的棘手考验。对此，尼采有着切身体验，特别是他与露·萨洛梅的感情经历，这段感情严峻地考验了尼采，让他对待生活有了宛若炼金术士般的坚毅态度，也即人们要努力从自己所受的惨痛经历中汲取宝贵的经验教训。1882年12月25日，尼采在写给弗朗茨·奥弗贝克[‡]的信中坦承，这段感情正陷入最后的痛苦低谷，他感到如

---

* 尼采认为，人能从自身的厄运中习得经验、获得幸福。在其自传的第一篇"我为什么如此智慧"中，尼采开宗明义地道出："我的此在生命的幸福及其独一无二性，也许就在于它的厄运。"参见尼采自传《瞧，这个人》，孙周兴译，北京：商务印书馆，2016年，第10页。

† 原文为"strong"，这里既有"坚强、强大"之义，指善遗忘的人可以从容面对苦厄，也指身体强壮，对应前文所述的生理上羸弱之人。

‡ Franz Overbeck，德国新教神学家，尼采的挚友。

五马分尸般的痛彻心扉。他坦言自己正饱受羞辱和痛苦记忆的折磨，就像遭受阵阵疯癫的侵袭。这段特殊的生活经历让尼采难以下咽，是他曾咀嚼过的最难熬的一段日子，也是一段可能会让他窒息的岁月。然而，与此同时，他会写信给友人，这使他有机会来言传身教自己所宣扬的理念——"不仅众生皆神圣，而且，个人通往天堂的道路，势必要通过其'感官体验上的地狱'来实现"（《快乐的科学》，格言338）。

尼采说，"人们坠入私人的地狱"，不仅仅是在庆祝人们能从痛苦的经历中寻到"有悖常理的快感"这一事实。当然，这在后来确实为弗洛伊德所用，成为其称之为病态强迫症的一个重要特征。相反，尼采是在批判"同情"的语境下提出了此种洞见。从一方面来讲，我们个人生活中所遭受的痛苦，几乎是任何人都无法理解和不能通约的。尼采认为，人们的同情感剥夺了正在受苦的人的痛苦，以至于我们所谓的施恩者贬损了我们的价值，在这点上，给予同情的施恩者，甚至比我们的敌人做得更甚。而另一方面，那些热衷于展现同情心的人，无法理解我们痛苦的形成原因，他们更无法理解这一事实，即人们有能力从痛苦中找到可资学习之处，并从中获益。有同情心的人还无法理解，厄运是"个人的必需品"，由厄运产生的匮乏、贫穷、冒险、危险及大过，其实和它们的对立面一样，同样是个人生活所必需的。因此，必须厘清这样一个事实，即保存个人生命存在的关键要素，往往都与厄运有关。例如，新的灵感来源和人的各种需求，疗愈旧伤痛，以及脱胎换骨、改过自新，等等。然而，富于同情的人反而会罔顾这一事实。

第六章　生活是女人，或曰，是至美

生活是女人。——要看出一件艺术品的终极之美，光靠知识和良好的意愿是不够的，还要靠极为罕见的幸运的偶然事件：云彩的纱巾从这美的极巅飘走，太阳在高空朗照，为我们。

我们必须站在合适的地方观察，我们的心灵也必须把纱巾从心灵的至高点揭去，心灵需要外在的表达，以便获得一个支撑点并掌握自己。然而，这一切鲜能同时实现。所以，我以为，一切美好事物，不管是作品、行为、人，还是大自然，其极巅至今仍不为大多数人所了解，甚至对最优秀的人物也隐而不彰。极巅即使显露了，也只显露这一次而已。

61

希腊人曾祈求过:"让所有美的东西展现两三次吧!"噢,他们如此吁请神明,是很有道理的,因为邪恶的现实根本不给我们提供美的东西,要么也只提供一次!我说,世界充满美的事物,然而它们得以展露的美妙时刻实在罕见。但这也许正是生活的最大魅力所在了:一块用黄金编织的、充满美好机遇的面纱屏蔽着生活,蕴含着希望、抗拒、羞涩、嘲讽、同情、诱惑……是啊,生活就像是女人!

——《快乐的科学》,格言339[*]

这条格言颇为引人入胜,它摘自《快乐的科学》第四卷中一系列格言的结尾部分,其中包含了许多神秘的因素。这条格言与我在前面两章中一直在研究的尼采议题相关,因为它表明,我们的生活经历中存在着一些无法整合的事物,也即,最高之峰和至美时刻(我们将在下一章中遇到,并将再次讨论有关整合的问题)。这条

---

[*] 此部分的中文译文,参考:尼采,《快乐的科学》,黄明嘉译,上海:华东师范大学出版社,2007年,第315页。

格言与《快乐的科学》第四卷中的其他格言，以及这一文本前三卷中的很多格言都产生了共鸣，特别是对其中的第二卷有着诸多回应。在第四卷先前论及的格言中，尼采曾多次强调，对万事万物和我们自身要形成一种真正的知识，这一点非常重要。例如，他这样反思如下一些概念："科学的严谨性"，它要求我们在"男性化"的氛围中生活（格言293）；转化经历的重要性，也即，将我们的生活经历转化成我们认识上的良心问题，这就涉及到要实践一种诚实，它对所有宗教创始人和道德体系来说，都显得非常陌生（格言319）；对求知者而言，生活是一项实验，而不是一种责任、灾难或欺骗；在自我立法和自我创造中采用物理的方法（如观察和自我观察的方法等）（格言335）。但是，在这条格言中，尼采正提醒我们注意生活经验领域的重要性，这一重要性超出了我们的认识范围和努力，即关于至美的揭示。

在一定程度上来讲，尼采倚靠性别的刻板印象来解释认识和生活的问题，这是有问题的，尽管这并不是关于这条格言最需要考虑的问题。然而，它仍然是一个不可避免要被提及和引起争议的话题。我不认为尼采在这条格言中所表达的见解完全是基于他对女性的具象比喻。同样，我也不认为，他所宣称的"生活是女人"这个观点，带有任何性别歧视的色彩。因而，关于这一议题，我将先对此条格言进行我个人的解读，然后，交由读者自行去决定其理解。

63　　在此条格言的末尾，尼采宣称"生活是女人"，这不难解读：生活本身是一种引诱和诱惑，因此，生活可以与"女人"（心爱的对象）相提并论。此外，生活是女人，也是基于这样一种意义上的理解：人们爱此生的生活，也同时爱着一个可能存在的世界，那个可能的世界诱惑着我们，给予我们允诺。例如，这样的一个世界，它也可以拒绝我们，故作羞怯，嘲弄我们的追求，并对我们表示出怜悯，等等。比较难以解读的，其实是尼采在这条格言中其他部分的声明："为我们揭开神秘面纱的事物，且仅为我们揭晓一次！"这一揭露是指什么呢？此外，对于向我们揭露的每一件事物而言，为什么它只会揭露一次？因而，我们很难确切地说明，为什么尼采持有这样的观点，而在这条格言中，他也没有给出任何解释。所以，我们必须将阐释的艺术带入对此条格言的理解之中，这就需要读者密切关注尼采的话语，并推敲在其中运作的思想轨迹。

尼采在此条格言中提出的第一个要点是，艺术品的终极之美不取决于我们的知识或拥有的良好意愿（good will），这一点，应该引起我们的注意。尼采强调，只有极为罕见的幸运的偶然事件（lucky accidents）才能带来这种景观，让我们看到至美。我们需要站在正确的位置上。此外，我们的灵魂也必须从高处把它自己的面纱揭开。在这种双重的揭示中，所发生的事，不是内在和外在之间的某种对应，例如，外在身体的高峰状态和内在的心理高度，而是我们能够以一种特别强烈的感受看见美丽之物；这就是我们所谓的于不经意间看到至美。也就是说，我们想要看见美的欲望和看见真实发生时有所区别，后者透露出不以为意的纯真。尼采说，所有这些情况很少能同时发生。这也就解释了，为什么迄今为止，所有好的事物的巅峰时刻，不仅对大多数人而言是隐匿的，甚至对最完善的人来说，也是被遮蔽和不可见的。在大多数情况下，我们看不见这个世界上的美丽事物。然而，这些美丽的事物始终在那里，只是对我们隐藏起来，因为我们总沉浸在生活的习惯和生活的给予当中（生活的给予总是在此处，就像我们也总是会活在当下）。我们生存的一个既定事实是，这个世界吝啬于向我们展示其美好的时刻，以及揭示它的终极之美。我们是一群有理智和价值的生物，却生活在一个缺乏理性和意义的宇宙中（这就是此条格言中所说的"邪恶的现实"）。想象一下，如果你始终能看到终极之美，那么，它们就绝不会是终极之美。相反，只有人们在生命的特殊、罕见和危险时刻所看到的美丽，才是终极之美，并且，除了它们所出现的这些时刻，它们的存在没有客观的目的。它们并不透露给我们任何有关这个世界的信息，却又与我们想看见的欲望紧密相连。若开启了慧眼，看见这些终极之美，便可抵达狂喜的人生，但尽管如此，尼采并不主张我们去过这种生活（这种美的得见是人类所不能左右的）。尼采唯一向我们提倡的生活，就是去过拥有"至重"（heaviest weight）感的生活，对他而言，这种生活可能同样具有启发性。事实上，也确实如此。

尼采在其较早的著作《人性的，太人性的》中，已经谈到了此一格言的主题。在题为"生活的时针"的第

586节中，他写道，生命"是由具有最高意义的罕见、独特时刻以及无数的间隔期组成，在这些间隔期，盘旋在我们周围的事物，充其量只是那些最高时刻的幻影"。他接着论述道，"爱，泉水，美妙的旋律，山峦，月亮，大海"都只向我们的内心诉说一次，"如果它们确实找到了合适的语言的话"。这有助于解读我从《快乐的科学》中摘选出来的这条格言。生活中的最高时刻或巅峰虽与众不同，但它们是从时间的流逝和事物的规律性中脱颖而出的；它们本身自足完备，并不需要吸收外物。语言的某些形式和表达试图传达这种感知体验，例如，诗人和寓言的作者（正如尼采对查拉图斯特拉生命中的巅峰时刻的表述一样）。这些无数的时间间隔正是属于常规的时间形式的间隔起伏，我们用其标记和计算时间的流逝（也即，生活的单调节律）；与此相反，在美好的时刻，这样的标记只有一次，那就是标记非凡洞察力或感知力的唯一一次。这就是终极之美，它之所以是终极的，是因为，我们只能看见它一次。这些时刻出现的次数，就像钟表上面时针整点出现的时刻一样稀有，且间隔漫长。与嘀嗒嘀嗒地不停走动的分针相比，更为明显。这从一定程度上解释了为何尼采决定写出（或标记出）曾经或某一次为"Ein Mal"*（发生过一次）。尼采在本可以正常使用"einmal"（曾经）时（就像他在《人性的，太人性的》第586节中所做的那样），特意将该词拆分成了两个部分。因而，"Mal"（时间）不仅标志着时间，还包括标志、标记、纪念物、痕迹和胎记；简而言之，它指的是脱颖而出、引人注目的东西，并暗示着存在的一种狂喜，它对我们至关重要，因为它使我们的生活丰富多变、生机勃勃。

我们可以谈论一切美好事物的巅峰时刻，并为其揭开面纱，把它当作独特非凡的存在来享受——它不具有可以标记的顺序性或多重性——因为，它是一种启示，它从我们迄今为止已知和（通过面纱）感知到的一切，以及我们随后将会遇到的所有事物中脱颖而出。在这样的巅峰时刻，生活似乎更值得过活，并具备一种特殊的感受强度。但是，伴随着巅峰经历而来的，还有一定的

---

* 与之相关的一句德文谚语是"Einmal ist Keinmal"，意思是发生过一次的事情就等于没有发生。英文中对应的表达可以是 one time is no time（活一次等于没活）。

危险。比如，我们一生中的大部分时间，都很可能活在它们的阴影之下，因为，我们认为，这些巅峰体验给了我们一些至高无上的感受时刻。这种判断十分有害，因为最终来讲，它赋予了实际上美好的幻影或表象过多不堪的重负和意义。

尼采的这条格言并不是在哀叹这一面纱的遮掩，不是在邀请我们去揭开事物的面纱、看见其背后的真相。同样，揭开这一面纱也不是指人们就看到了事物本原所是的样子，因为，看见事物本来的样子，在尼采的思想中是说不通的（只有通过我们情感或情绪的特定视角，我们才能看见事物）。相反，不同于我们惯常的模式，这是一种特别的看见事物的体验。尼采并不是向我们提倡去过反思性的生活，也不是在建议我们，仅仅为了享受巅峰时刻的喜悦（这种时刻的喜悦不是我们的意志所能左右的）而让自己离开这个世界。甚至可以说，我们的沉思能力也揭示着一种创造力，我们自始至终都是我们各自人生的诗人和创造者。我们绝不仅仅只是在思考这个世界，而总是在创造它（《快乐的科学》，格言301）。人类与动物的区别在于,他们能看到和听到更多,并且更高一等的人类（higher human beings）通过看见更多、听见更多、思考更为周全，从而将自己与低等人类区分开来。由于这种深思熟虑性（thoughtfulness），一个更高等的人可以同时变得更加快乐或者是更加不快乐。然而，这样高等的人类，也会被某种幻想所迷住，以为自己仅仅只是作为旁观者和听众，置身于一场生命游戏的视听盛宴中。要知道，是我们自己创造了与人类息息相关的这个世界。这常常是我们所缺乏的认识，而即使我们偶尔对此有所把握，在下一刻便又会忘记这一认识。尼采说，我们既不像我们可能会感到的那样骄傲，也并非那样高兴，并以此作为这条格言的尾声。

在关于"生活是女人"这一格言中，尼采将我们的注意力集中到认识（knowing）和意愿（willing）两要素当中，它们都外在于我们的整合能力。这就是机遇（chance）和幸运的偶然事件要素。在《查拉图斯特拉如是说》中，尼采将机遇视作其思想中超越了善恶的关键概念，并将"机遇之神"（Lord Chance）看作世界上最为古老的贵族，它将万物从目的论和奴役中解放出来。只存在一个天堂或天空，它充满机遇、纯真、偶然和肆无忌惮（《查拉图斯特拉如是说》，"日出之前"一节）。这是我们努力去吸收的机遇，是源于对命运热爱的机遇，它掌管我们的人生规划和计划。在这条格言中，其思想的轨迹不是从一种哀叹之声转换成另一种安慰之音，以及终极的肯定；它从头到尾都是持肯定态度的。尼采提醒人们注意时间的不同形式，正是这些时间形式表征并标记了人们的生活（即时间的不同真相）。生活有其独特非凡和至高无上的时刻，但与此同时，我们也必须以我们唯一可以生活的方式去生活，也即，生活在"充满美丽可能性的面纱的遮掩之中"。此外，我们不能把生活当作一个美丽的梦来过活，生活需要人们对生活这项事业充满热爱。只有对被赋予一定现实、在特定的时空中生活的人们而言，生活才有效且真实。对终极之美的观看无法重返（它的发生和回想，都只有一次）；但是，存在的需求，一次又一次地重返我们身边。

关于这一方面的内容，格言277中包含了一些明智的建议。首先，它从生活中的某个巅峰时刻出发，并指出，一旦达到这一巅峰，它便赋予我们一定的自由。但同时，也会自相矛盾地表明，我们现在又将面临精神上不自由的更大危险。这是因为，尽管我们攻克了生存的美丽混沌（the beautiful chaos of existence），并因此而否定了任何有关神圣理性的存在，但我们仍然必须要通过最艰难的考验。这就包括要了解整合命运意味着什么，并学会去热爱它。我们所易犯的错误是，容易有这样一种倾向，即在（现实中）没有意义之处赋予意义。这将会使我们误入歧途，因为它使我们相信，有神秘的力量正在操控我们的生活，例如，各路神明和精灵的力量。生活中的每一天和每一时刻，似乎都想向我们证明这样一个主张，即，发生在我们身上的事，都朝着最好的方向发展，无论是天气状况、失去友人、某种疾病、一封未送达的信、某个梦想、开始阅读某本书，还是别的什么。这难道不是很特别吗？尼采认为，所有这些都在表明，我们人类在解释和左右发生在自己生活中事件的技巧，已经臻至前所未有的顶峰。

《快乐的科学》第二卷里还有好几条格言可以用来拓展我们对尼采在格言339中所表达的含义的理解。这第二卷以题为"致现实主义者"的格言（格言57）开始，此条格言的任务是向尼采所谓的"清醒的现实主义者"质问，他们声称已全副武装，以抵制激情和幻象之类的概念，并希望将他们的空虚归为一种骄傲和矫饰问题。这些不相信魔力的现实主义者——他们很有可能这样被人们称呼——试图去相信，世界呈现给他们的样子就是其真实的样貌，而且，他们还认为，他们面对的现实，没有经过面纱的遮掩。事实上，这些现实主义者对揭开面纱这一事件一无所知，更不理解揭开面纱的本质（他们不能理解揭去面纱后所展现的事物）。但是，尼采说，他们这种对现实的爱，也是一种爱，而且还是一种古老之爱。它附加着事物的各种价值，这些价值源于激情和之前几个世纪的狂热。所有我们专注于感知的对象，无论是天空中的一片云彩，还是远处的一座山峰，都包含着幻想、恐惧、偏见、无知等等因素。那些试图从真实中去除幻象的现实主义者，只是简单地希望能够摆脱认识和感知的醉人迷狂。也许,这些现实主义者"根本就不会变得醉醺醺"。《快乐的科学》的第二卷以尼采对艺术的终极致谢而结束。尼采致谢艺术是因为，它表现出"表象的好的意志"（格言107）。艺术"为我们提供眼睛和双手，最重要的是，它还训练良知，让我们能够……理解人类自身的现象"。艺术能够使我们在寻求知识的热情中找到自己的长处和弱点,从而为我们提供一种手段和延伸能力,能够从有一定艺术距离的视角,来观察和俯瞰人类自身。但是,尽管如此,我们也需要我们的愚蠢,因为借由此我们才能够寻求知识的智慧,我们需要它来抗衡自身和严肃的本性:"我们需要所有类型的艺术——旺盛的、浮动的、跳跃的、嘲弄的、幼稚的,以及幸福极乐的"——是因为,只有通过这些,我们才能够不失去"对事物之上的自由(freedom over things)的追寻,而这种自由是我们的理想所赋予的"(另请参阅此书格言299)。在此书随后的格言中(如,格言58—60),艺术和真实的主题仍然在被继续讨论。格言60是关于"女性及从远处审视她们的行动"的,关于这一内容,将其与格言339进行比较阅读,也会颇有启发。《快乐的科学》第四卷里的格言299就专门探讨了"我们应该向艺术家学习什么"的议题。在这条格言中,尼采讨论了我们所拥有的使事物变得美丽、吸引人和可悦的——即使它们并非真的如此——一些方法。美的事物是一种艺术性的构建和创造,它涉及距离、多重视角等，并赋予事物一种不完全透明的外表和质地。

初版《快乐的科学》的最后一卷，主要讨论了机遇和偶然在生活中扮演的角色，并且，这本书也是对美的事物的沉思。在这一卷的开篇，尼采宣布了在"新的一年里"他的所爱。他说，从现在开始，他的热爱将会是"爱命运"（amor fati），或者说是对（个人）命运的热爱。他坦言，希望停止与丑陋之物的争战，并使自己远离任何带有折磨和受苦的意象（德语中的字面意义，即"受难者意象"）。尼采说，"如果我想把自己变成崇高的施刑者，那么，我的雄心壮志将永远不会实现"（格言313；在《查拉图斯特拉如是说》中，尼采谈到有必要成为一个更高一等的人，而不仅仅是成为一个崇高之人）。在《快乐的科学》开篇的第一条格言中，我们发现，尼采曾说过，他希望能"学会越来越多地看到事物中的必然性，就像能看到事物中的美丽成分一样"，只有这样，他才能成为使事物变得美丽的人（格言276）。尼采只想成为一个"肯定者"（yea-sayer）。这就是前面提及的"爱命运"的公式中所蕴含的要义。

从传统上来讲，例如，在古希腊的悲剧中，命运指向一个机遇世界,它超越了人类的控制范围,也不受人类影响。尼采说的对命运的热爱,牵涉到学习在偶然和机遇因素中生活意味着什么。这并不是说,要在我们身上所发生的一切当中去寻求任何深层次的含义,它仅仅是一个关乎怎样去生活的问题,即要从艺术转化的视角去看待生活,并知道我们正在做这件事(另请参见《快乐的科学》,格言290)。只有这样做了之后,我们才可以诚实地对待自己的幻想和内心投射的观念,并以它们所是的真正样子来看待它们。

关于尼采在女人和艺术及表象之间所做的类比,有一位论者曾发表了很有见地的观点。他认为,这并非像人们通常所认为的那样是对女人的轻视,因为尼采正是将男性对女性的幻想看作一种观念投射的范式,而一般而言,这也是客观真实的。尼采对艺术和现实之间关系的探索提醒了读者,这些幻想既不是客观上的真实,也不等同于女性自身所持有的观点。因而,尼采的思想包含了一种思考策略,它提醒我们注意,观点并非固定不变的,而且透视主义是一种思维活动,尼采也要求他自己的读者参与到其中来。[9]

"仅仅呈现一次"的是何物？以及为什么其呈现"有且仅有一次"？如果看见终极之美不是我们能凭意愿实现的，那么我们也就不可能让其再次返回；带来终极之美的是幸运的偶然事件，而这种偶然事件不在我们意志的能力范围之内。关于第二个问题，可以参考尼采所说的希腊人的故事。希腊人曾祈祷"让所有美的东西展现两三次吧！"，而且他们有着充分的理由召唤他们的众神。因为邪恶的现实造成的影响是，对于终极之美，要么一次都未曾得见，要么只看见过那么一次。但是这并没有解决以下谜团，即尼采为什么会认为，某些终极之美只会对我们揭示一次？（显然很有趣的是，尼采认为，生活在邪恶现实中的那些成熟的现代人，完全有能力在这个世界上生活，并从这种生活中发现一些美丽的可能性。）对这一谜语的一个可能解答是，看见终极之美的一个典型标志是，人们会有一种"天人合一的感受瞬间"（moment of oneness）。看见终极之美时，会发生一种消除了距离和界限的双重性揭示，这必然是擦除和消解的情状及瞬间，其发生就像闪电一样。这种体验经历，意识是不能够消纳或吸收的；因此，即使这种经历能够再次发生，人们也只能仅仅"体验到一次"。这是一种融合了极乐与忘却的瞬间。

在晚期著作中，尼采澄清并完善了"肯定"生活的意义：它并不意味着人们对所有事情都要说"是"，并且这也并没有排除说"否"的可能。从看见美好的可能性方面来说，过好生活并不意味着要拒绝认清生活中的丑陋事物，或是不去面对令人恐惧和无法忍受的事物。与此相反，我们的任务便是，要对生活中所发生的一切事情同等相待，无论这些事情是大是小、是极好还是极坏。尼采很欣赏这种做法，而且无差别地对待事物具有某种崇高性（这是一种未知领域的事物属性），所以为了努力实现平等对待生活中的各种事物，我们必然要诉诸我们内心的崇高。

第七章 至 重

最重的分量。——假如恶魔在某一天或某个夜晚闯入你最难耐的孤寂中,并对你说:"你现在和过去的生活,就是你今后的生活。它将周而复始,不断重复,绝无新意,你生活中的每种痛苦、欢乐、思想、叹息,以及一切大大小小、无可言说的事情皆会在你身上重现,会以同样的顺序降临,同样会出现此刻树丛中的蜘蛛和月光,同样会出现现在这样的时刻和我这样的恶魔。存在的永恒沙漏将不停地转动,你在沙漏中,只不过是一粒微尘罢了!"你听了这恶魔的话,是否会瘫倒在地呢?你是否会咬牙切齿,诅咒这个口出狂言的恶魔呢?

你在以前或许经历过这样的时刻，那时你回答恶魔说："你是神明，我从未听见过比这更神圣的话呢！"倘若这想法压倒了你，恶魔就会改变你，说不定会把你碾得粉碎。"你是否还要这样回答，并且，一直这样回答呢？"这是人人必须回答的问题，也是你行为的着重点！或者，你无论对自己还是对人生，均宁愿安于现状、放弃一切追求？

——《快乐的科学》，格言 341[*]

以上这条格言，出自初版《快乐的科学》的第四卷——也是最后一卷，是此书的倒数第二条格言。这条格言前后两条格言的内容，分别关于苏格拉底的遗言（"垂死的苏格拉底"）以及"论悲剧的开始"，在这后一条格言中，查拉图斯特拉的身影第一次出现在尼采的著作中。在《快乐的科学》的格言 341 中，尼采首次发表和呈现了关于永恒回归／永

---

[*] 此部分的中文译文，参考：尼采，《快乐的科学》，黄明嘉译，上海：华东师范大学出版社，2007 年，第 317 页。

恒复归的思想，或者说，同一事物的重现思想（这种思想在尼采后期的著作中也有多次呈现，例如，可以参阅：《查拉图斯特拉如是说》一书中的"视野与谜语"和"被安慰者"等节；《善恶的彼岸》第56节；《偶像的黄昏》中"我所欠古代人的"，第4—5节）。[10]为了更好地理解尼采对这一思想的展望，以及何种思考才导致了这一思想，我们可以从他在1881年夏天所写的、有关这一思想的原始笔记上着手。尼采认为，永恒回归是一种对可以实现的生活的最高形式的肯定。这一思想对现代意识产生了广泛的影响。不管是斯坦利·卡维尔还是吉尔·德勒兹，尽管他们分属不同的哲学流派，都吸收了尼采的这一思想。再者，这种思想也渗入到很多当代小说中，例如，米兰·昆德拉的《不能承受的生命之轻》等。除此之外，这一思想还启发了很多影视作品，例如，从民粹主义式的《土拨鼠之日》，到安德烈·塔可夫斯基的杰作《牺牲》等。

尼采在他的一些笔记本中，试图为这一永恒回归的思想提供来自宇宙学上的证明，他甚至将这一思想与当时较为新兴的热力学的科学定律相联系。但是，尼采的这一思想所涉及的宇宙学方面的支撑，未能使评论者们感到满意，因为人们很难想象可以找到一个可靠的物理学法则来为其思想背书。在1881—1882年间关于这一思想的最初表述中，尼采将它视为一种新的教义，而不是关于这个世界的某种新理论。在1881年的一份笔记报告中，尼采写道，尽管事物的循环往复也许只是个大概率（probability）或小概率（possibility）的问题，但是，对这一可能性的思考仍然会产生震撼的暴风效果，并最终能够改变我们。所以，尼采邀请读者去自行想象一下，"永恒的诅咒"（eternal damnation）是如何奏效的。在最初的表述中，永恒回归是尼采对他自己在1878—1882年这一段"自由-精神时期"所亟须解决的一系列问题的回应，尤其是其中关于上帝之死的问题。尼采谈到，我们已经失去了使我们能够得以生存的重心——即至重。现在，我们不确定自己要如何重新进入生活，或者是摆脱生活。根据基督教道德假说的古老教义，它曾教导人们要将生活的重心置于生活的外部，即置于彼岸和非现实世界的上帝手中。与此不同，尼采的永恒回归的新教义，旨在为人们提供一种新的重心，它专注的是人生命中的内在条件和形式。我们渴望摆脱生活的愿望，必须有所附丽，它应该使我们对生活产生更深层次的感悟，还要能够使我们以更加深刻和更为坚定的方式，重新投入到我们的实际生活中来。对生活的肯定，始终要着落于这一任务上，即，要平等地对待我们生活中的方方面面，即使在面对生活抛给我们的最为严峻和最怪异的难题时，也应作如是观。

迄今为止的宗教，都在教导人类要看轻此生，视此生为一个短暂的凡尘，并将希望寄托在一个并不确定的"他世"（other life）上。然而，对尼采来说，我们现在也同样不能自满于浅薄的无神论观点而止步不前，因为无神论鼓励我们，要将我们所有认识和存在的精力，投入到一个过眼云烟的尘世当中（如果真是这样的话，还需要什么精力呢？）。与此相反，尼采说，我们的任务是，要在我们今生有且仅有一次的生活中，铭刻上永恒的印迹。在1881年的草稿笔记中，尼采提出了永恒回归的思想，是将它作为对世俗化政治幻想（the political delusion of secularisation）的一种批判，因为后者只追求短暂个体的福祉。尼采说，这一过程的发展结果只能是社会主义，在这种社会主义中，短暂的个体只希望通过物质上的满足和轻松舒适的生活（或尼采所谓的"社会化"）来获取幸福。简而言之，世俗化过程使得人们无须对生活进行思考，从而使人类没有了对智性发展的追求。与此形成鲜明对比的是尼采的思想，它教导人们，此生的任务是，正如你还想重新再活一次那样去过好现世的生活。而要做到这一点，就必须找出能给人类带来最高情感感受的事物。[11]这就是《快乐的科学》的格言341所设定的阐释目的，它提示人类要调整好生活的重心和目的，以做出面向我们自身和此生生活的有利调节。很显然，尼采担心，在上帝死了以后，世界上会普遍存在一种对生活淡然和漠不关心的态度。因而，永恒回归这一思想的提出，就是为了解决这一难题。

  永恒回归是对终极拣选（ultimate selection）的戏仿。终极拣选指的是在生命的尽头会到来的最终审判，它会决定一个人是升往天堂还是堕入地狱。尼采的至重观念，借鉴了琐罗亚斯德教里的意象，该教借此观念来表明抵达天堂，而这只能通过对一个人在世时所取得的道德成就来判断。在琐罗亚斯德教中，每个人的死后命运，都将在一座悬于巨大深渊的桥上被裁决和判定。在这座桥上，每个人从15岁往后的思想和行为都将被衡量、称重，并互相比较。如果一个人的思想和行为中，那些积善行德的一面更重，那么他就将入驻天空之上那宏伟又辉煌灿烂的庄严宅邸；而那些邪恶的思想和行为更重的人，则会被定刑并抛到冥界或地狱。尼采的思想并非希望人们为了审判而行善，将其作为一个超验的或形而上学的世界的进入标准。他认为，只有我们自己才能选择我们的生命中重要的和具有重大意义的事情，而永恒回归的思想，是我们达到这一目的的手段。永恒回归并不是惩罚我们去过一种无限重复的生活，在这种重复中，我们对于改变自己和我们的生活都束手无策。相反，它是要求我们思考以下这个问题，并将其当作一出音乐剧中不断重复的副歌部分编织到我们的生活中来：如果能一次又一次地重复，我还想要过这样的生活吗？通过这种问询方式，我们便可以感受到我们所做的事情和渴望做的事情的重要分量。

永恒回归是这样一种思想，它并不承诺会带来一个更好的生活或者是来世，与此相对，它是指一种相同

76 的生活的回归。"同样的"是指我们尘世生活中时间状况和形式上的相同。这一尘世,我们无可逃遁,它也无须救赎。这种想法会在生命的某个关键时刻出现,它使我们直面自身最终的微不足道(我们不过是点点浮尘罢了),并且没有终极安慰可言。这种思想将会改变我们,甚至会击晕我们,使我们陷入迷狂。在德语中,这条格言的标题的字面意思是,"最重的重量级选手",在此,尼采很明显是意指拳击术语。即使有人希望能从宇宙学方面认真地考虑这一思想,也应当认识到这一事实,即,生命的回归重现在质上是相同的,仅仅在量上会有所差别。因此,仅活一次的生活与无数次重过的生活之间,并没有真正的区别;这就是说,我们一直在过的生活和终将重返的生活是同一个。我们总是重返生活,回到它的特定状况之下(比如,今夜的月光),重复地整合着各种任务,并将我们所是的一切转化为光明与火焰(就像不断织网的蜘蛛一样)。

尼采第一次构思永恒回归的思想时,草稿笔记上显示的日期是1881年8月上旬的某天,地点是在锡尔斯-玛利亚,签名处还写着作于"海拔6000英尺的高山上,比所有人类的事物都还要高"。这是一本书的最初蓝本，它分为五个部分，论述的都是相同事物的回归。这本书的主题是吸收，这表明了，尼采的初衷是要教导人类如何实践这一思想，并对其好好加以利用。这本书的第一部，是关于基本错误的整合；第二部是关于激情的整合；第三部是在求知热情上对知识的整合；第四部论述的是关于"天真"的主题，以及"作为实验的个体"和"生活的舒适放松"主题；而第五部，也是该系列的最后一部，将会把这一思想学说看作一种新的负担，并强调以下事情对于未来的一切都具有无可度量的重要性："我们的认识，我们的错误，我们的习惯，以及我们的生活方式。"尼采提出的问题是："我们将如何度过我们的余生？因为我们，在一生中的大部分时间里，都处在最深刻的无知当中。"尼采给出的答案便是永恒回归——他最伟大的教导，它将被我们视作一种福佑，也将成为我们最强有力的手段，教会我们将其整合进自身。尼采说，我们必须"拭目以待，才能看清知识和真理的融合程度"，进而可以确定，作为生活在当下且主要是为了认识的人类，我们需要何种新的生活习惯。接着，尼采就抛出了一个问题："从全人类幸福总和的角度而言，生活会是什么样的呢？"草稿笔记的最后，尼采呼吁人们去诉诸漠然（indifference）的原则（这一原则势必深入我们的内心），并问道："我们是否还想活下去？以及，又该怎样生活！"[12]我们所漠然处之的事情，正是形而上学方面所考虑的初始和终末之事，而那些，并不是我们的实际生活。我们所面临的任务是，学会不再生活在对自己一无所知的状态中，停止去过一种虚构想象的生活，或者仅仅是一种转瞬即逝的生活。

在《快乐的科学》的格言341中，尼采选择用一种特殊的称呼来宣扬这一思想。格言中的这些话都发自一个恶魔的奇怪声音，他在特定的时间"偷偷溜进"我们的生活（常常是我们最孤独的寂寞时刻），并且像对待灰尘一样地跟我们说话。从思想传统上来看，恶魔的声音一般表示人的害怕、怀疑，甚至是恐怖。也许，能与之建立起最紧密联系的是苏格拉底的恶魔*。在希腊语词

---

* Socrates' demon，相传苏格拉底的内心会出现某种神秘的声音，时时向他提出忠告。

源中,"daimon"的意思是离间者或分配者,从荷马以降,它指的就是生活中那些未曾预见到的并且带有入侵性质事件的始作俑者。形容词形式的"daimonios",意思是指陌生的或怪异的事物。此后,这个词也有监护人或保护者的含义,或者是指一种精气(spirit),它能伴随一个人的一生,并能给他们带来好运或者造成不幸。在柏拉图看来,魔鬼是神与人之间的媒介。这一观念,也被后来所有的魔鬼学研究(demonologies)接受。苏格拉底这样谈论起他的恶魔,认为他是受到某种神性或超自然的经历的驱使,在这种经历体验当中,某种声音传导到他身上,劝他放弃他正打算去做的事情。在尼采的格言中,恶魔的话既不是用来说服人,也不是用来劝阻人的。相反,这些话只是为我们提供了一种手段,借此,我们可以发现一些与我们对待生活的态度,以及我们渴望去做的事紧密相关的东西。

有一些评论家认为,尼采的永恒回归思想像是一种濒死状态的启示,其中,"最孤独的寂寞"指的正是一个人实际濒临死亡的时刻(另一事实是,尼采关于永恒回归的这条格言,紧随上一条关于苏格拉底遗言的格言，这无疑为这种诠释做了背书）。在生命的尽头，我们是否能够回首人生路，肯定其中发生的一切大大小小的事情，甚至于达到还想再重新活一次的程度？并且愿意以完全相同的顺序来重过一遍这样的人生？我们此生得过得有多好，才能够使我们对这一问题给出肯定的答复呢？又或者，我们之所以这么说，是希望能够逃避这一生、尽快摆脱掉它？我认为，在上述观点中，论者对我们最孤独的寂寞时刻的解读，太过于表面化了（而且，尼采格言的起句，只是通过简单的"某日或某夜"来开场）。我认为，它指的时刻是我们陷入人生最低谷的时刻，是人生中最为艰难的时刻。在这种时候，也许一方面，我们正在寻求安慰和救赎，但另一方面，我们又对自己足够诚实，知道安慰和救赎一个都不会来临。尼采之所以选择这种时刻，是为了向我们提出可以想象到的终极挑战，而且不带有任何怜悯或同情。永恒回归的思想最终将改变我们，或者也许是压垮我们（因为它会使我们对生活感到更加绝望）；也许这种思想也会激发我们，让我们对自身和生活变得更有把握，除了迫切渴望得到它所提供的终极的永恒肯定和保证之外，我们别无欲求。这一思想显然是作为一种思想实验而奏效的，它并不宣扬什么真理。因此，任何关于其宇宙学地位的假设，都是概不相关的。

在《快乐的科学》第四卷中，还有许多格言来自与我们交谈的各种不同的声音。例如格言278，讲述的是我们所体验到的"忧郁的幸福"，这种体验源自我们总生活在混杂的道路、需求和声音当中。对尼采来说，我们的任务是要听取那类正确的声音——例如，能听到智性良心而非道德良心的声音（《快乐的科学》，格言335）——并通过训练自己的理性，以免体验到神迹、重生，或是听到天使的声音（同上，格言319）。与天使的声音不同，魔鬼的声音不是用来安慰或抚慰我们的。它其实正是我们更为高级和高尚的自我的声音，这种声音激发我们去实践生活，并将其与我们的思想相统一，它对我们提出与众不同的要求，让我们去挑战任何可能会导致我们智性上怯懦或道德上懒惰的趋势。

尼采在《快乐的科学》的格言341的陈述中，表达了两个截然不同的内容，而在对其加以评论时，人们往往忽略了这一事实，即，论者往往只关注这条格言的前半部分。在前半部分中，魔鬼告诉我们，我们如今所过的生活，不仅仅是一次而已，它还要被无数次地重新来过，届时将没有新的事情会发生。这次人生中的一切事物，无论卑渺或伟大，都在我们此生中留下印痕。而它们，在重新生活一次时，都将重返、再次回到我们生活中，并且还是以相同的出场顺序接连发生。然后，在格言的第二部分中，尼采要求我们考虑如何应对这一重返问题。我们可能会设想，尼采的这一思想实验具有恼人和残酷的一面，因为它似乎施加了一个非常骇人的诅咒。然而，为了感知到这一思想所允诺的展望，我们需要先考虑两件事情。首先，我们是否曾经经历过如此重大的一个时刻，以至于我们有可能将这种思想当作某种值得肯定的神性思想？知道这样一个时刻会重现的诺言，可能会激励我们去肯定这一思想，及其所包含的一切（不论这一切事物的大小或重要性，都给予其肯定）。其次，还有完全不同的问题，这一思想正渐渐掌控住我们。为此，我们需要做的是发现自我，并努力成为我们所是的自己。假设确实如此的话，那么每件事情中都会冒出一类特殊问题，它们会拖延我们的行动，成为我们不堪背负的至重。

这第二个方面的内容至关重要，因此不容忽视。作为一种实用的综合方法，永恒回归也可以介入我们的生活，并在我们所有其他的思想中发挥出意想不到的作用。例如，在1881年的草稿笔记——后来成为《快乐的科学》的格言341后半部分的内容大纲——中，尼采将其称为"思想中的思想"（thought of thoughts），并将其作为对一个著名哲学问题的回应：在什么程度上我们可以说是行动自由的？或者说，一切都是预先设定好的吗？尼采如此表达，其目的是想对我们的行动拥有一定程度的掌控："思想和信念，与其他任何重量一样，是一种压向我的重力，在压迫这方面，它们甚至比其他重力更胜一筹。你会举例说，像食物、住处、气候和社区等，都会改变和影响你。好吧，其实你的观点，更会形塑你自己，因为正是你的观点决定了你会选择何种食物、住处、气候和社区。如果你将此种思想融入自身，让它处在你所有其他的思想当中，那么，它将会改变你。你会遇到的一切事物的问题都将是：'我真的确定自己想无限次地这样生活吗？'而这将成为你不堪背负的至重"。[13]换句话说，虽然我们人类不过是被动赋予的习惯和记忆积累的产物，但我们有可能通过更好地组建自己，做生活的主控者，而不仅仅是成为忍耐它的附庸。这样做以后，我们才能成为我们所是的自己。这种思想并不会告诉我们，什么是我们的"长处"，它只是提供给我们发现它的手段，并对其加以检验。通过这种方式，我们才成为我们所是的自己，成为"那种新颖、独特、无与伦比的人，那类自我立法和自我创造的人"（《快乐的科学》，格言335）。

尼采的实践准则提供了一种新的重心，它让我们更加努力，以便游刃有余地面对自己和生活。然而，成为我们所是的人，并不是一个简单的道德良心上的问题，它需要我们严肃地运用认真尽责的认识（尼采谈道，在我们良知的背后，运作着一种智性良知，他将其称为更高级形态的良知）。在第四卷前面的格言中，尼采赞扬了诚实或正直的美德，并指出我们需要去做自己实验中的小白鼠（《快乐的科学》，格言319和格言335）。尼采并没有将自我创造视作一种幻想，而是把它当作一项任务（第四卷中有两条格言都提到了"一次又一次地"

重复做某件事的意义，引自《快乐的科学》，格言304和格言334）。

尼采带着这一永恒回归的思想，邀请我们抛弃形而上学的宇宙，以便能够将精力集中在最靠近我们的事物之上。要是有人认为，它能为生活问题提供"解决方案"，那将会是荒谬可笑的。诚然，这一思想必然有其局限性，但它是一种值得我们——带着创造性、勤勉认真地——去实践的思想。

第八章　超　人

那里，我也在路上拾到"超人"这个字眼，以及人乃是必须被克服的东西这个命题，*

——我也悟到，人乃是一座桥梁，并不是目的：他庆幸于自己的正午和黄昏，把它当作通往新的黎明的道路：

——还有查拉图斯特拉关于伟大的正午的谈话，以及我另外高悬在人们头顶上的东西，它就像第二道紫红色的晚霞。

---

* 本章开篇引文部分的标点符号使用情况与中文稍有不同，此处参考现有中译本的处理，保留原文的用法。下同。

真的,我让他们看到了新的夜晚和新的星辰,在云端和昼夜之上,我张起欢笑,就像五彩的天幕。

我把我的创作和追求全都教给他们:人们视为残缺不全、哑谜和可怕的偶然的东西,我把它们收集起来、合成一体,——

——作为创作者、解谜者和拯救者,我教导他们参与创造未来,把过去的一切——,进行创造和拯救。

把人间的过去加以拯救,把"过去是如此"的一切加以改造,直到意志说:"我过去是想要这样的!以后我还想要这样——"

——我把此事称为拯救,我教他们只有此事可称为拯救。——

现在我等待我的拯救——,我最后一次走到世人那里去。

因为我想要再一次走到世人那里去:我想要在他们中间没落,我想要在临死时把我最丰富的赠礼送给他们!

这是我从太阳那里学来的,当它沉落时,这个过于富裕者,从它取之不尽的财富之中,取出黄金撒进海里。

——就这样,使得最贫穷的渔夫也得以使用黄金的桨划船!因为我从前曾见过这个光景,在观看时,我的眼泪流个不止——

查拉图斯特拉也想没落,像太阳那样:现在他坐在这里等待,在他的四周放着古老的摔碎的法版,还有新的法版——写好了一半的法版。

——《查拉图斯特拉如是说》,
第三部"古老的法版和新的法版",第3节*

在初版《快乐的科学》的最后一条格言中,尼采首次引入了查拉图斯特拉这个角色。尼采便以此条格言为起点,作为《查拉图斯特拉如是说》的开篇。查拉图斯特拉在山上享受着他的精神和孤独,在这样度过了十年之后,他便厌倦了他的智慧,这就好比,一只蜜蜂在收

---

* 此部分的中文译文,参考:尼采,《查拉图斯特拉如是说》,钱春绮译,北京:生活·读书·新知三联书店,2012年,第230—232页。

集了太多的蜂蜜之后，就会渴望往外馈赠，将其分发出去。于是，他决定下山，并决心"再次成为人类"。他将教导人类，这个世界现在需要新的意义和方向。

这使我们第一次了解了尼采有关超人的想法，而超人，通常是狂野不羁的讽刺漫画中的主题。纳粹狂热分子也曾利用它来宣传和证明其纯雅利安"优等人种"*计划的正当性。很重要的一点是，尼采的思想中，并没有这种种族式幻想在作怪。但是，尼采确实也存有他自己的幻想，这其中就包括关于超人的幻想，我们将在下一章中进行讨论。关于超人这一概念的重要性，不少尼采哲学的研究者和读者都以不同的方式进行了阐释。比如，对于吉尔·德勒兹而言，它代表着一种人类的新理智和新情感，它立足于新地球和未来新人类的视野和谜团。其他的思想家，例如，马丁·海德格尔，也曾试图将这一想法与现代社会的生态与全球危机相关联。

---

* 雅利安种族论或称优等种族论，出现在19世纪中叶，直到20世纪中叶都很盛行。这是一个纳粹主义的种族概念，认为真正的雅利安人优于其他欧洲民族，而斯拉夫人则被视作最劣等人种。这种危险和错误的思想认为优等种族需要更大的生存空间，因而纳粹制定和实施了历史上臭名昭著和恐怖血腥的种族清洗计划。

在《查拉图斯特拉如是说》中，超人被认为是人类自我克服（self-overcoming）的一种崇高理想。作为这个世界上的凡尘俗胎，人类需要自由地探索人的存在中的高度和深度。要准确地理解这一概念，其实并不容易。的确，它是尼采所创，用以测试人的尺度。一方面，尼采通过查拉图斯特拉之口强调，我们必须将我们的认识精力放在人类可以想象得到和触摸得到的事物上，这一点很重要（《查拉图斯特拉如是说》，"幸福的群岛"一节）。查拉图斯特拉接着邀请我们读者去考虑以下这些问题：我们能否想象出一个十足完美、亘古不变和永恒的上帝？每当我们尝试这样去设想时，总会冒出一种想法，它会变直为曲，让一切坚固的事物都开始动摇欲坠。由于时间被证明是虚假不实的，所以，时间突然就此消失，所有那些转瞬即逝的事物也都被认为是谎言。在努力去理解人类的这种存在时，我们的大脑眩晕不止，我们的胃部翻江倒海、感到不适。显然，我们存在消化不良的问题。但，另一方面，尼采也敦促我们，要变得更加具有人性并超越人性。而困难正在于怎样变得更加具有人性这一点上。

在这本书的序言中，查拉图斯特拉下山来到了集市上，并在那里宣称："现在，超人将是这个世界的意义。"查拉图斯特拉是向他认为最可鄙的人类说这句话的，他把这类人统称为"最后的人"。这种人不希望再对存在提出任何问题，他对自己在这个地球上的生活感到心满意足。最新的发现是，幸福是解决人类存在问题的最终方案，这种观念帮他找到了他所需要的答案。然而，查拉图斯特拉是一位严厉的监督人，他告诫人类，人的最伟大之处便是，他是桥梁，而不是目的。人类存在的任务是超越人类。人类是"碎片、谜语和可怕的机遇"；这是需要加以研究处理的材料。超人只可能是一项实验项目。尼采希望我们能够克服两件事：我们的形而上学需求和我们存在中的动物本性。

在《瞧，这个人》中，尼采告诉他的读者，《查拉图斯特拉如是说》是在非常不利，甚至是不可能的生活情况下写就的。他指的是在与瑞和萨洛梅的友谊破裂之后，他所经历的情绪沮丧和失落。当然，最后尼采从这种失落中走出来，并且获得了新的哲学财富。因此，《查拉图斯特拉如是说》主要提供了一种新的哲学实践，它是一种变形艺术，在这种哲学实践中，很多种存在状态和存在方式都被尼采加以论述并进行了转化，这其中的状态就包括：迷狂陶醉、梦境、睡眠、觉醒、犹豫不决，以及坚决。尼采在《瞧，这个人》中称查拉图斯特拉是一种人物类型，其存在的生理学前提是具有"良好的健康"。这是一种愉悦、强壮、精明、坚韧和无畏的健康，它属于"不成熟的且尚未展现其未来"的无数新生事物之一。尼采关于这种健康的本质的探讨，出现在其1887年写就的《快乐的科学》第五卷的格言382里，他还在《瞧，这个人》中引用了这条格言，用以点评查拉图斯特拉。人们不能说谁能轻松拥有这种健康，因为人们必须通过不断争取去赢得它，并且还会一次又一次地失去它。为此，这是一种危险的健康，它涉及一种重复法则，是对"超越所有已知疆界"的边界的考验，而且，这种健康中还充满了美丽、陌生、可疑和令人感到恐惧的事物。

这种类型的人会被一种新型的精神理想所迷住，这种精神冲动四溢，并从迄今为止被人们称为美好、神圣和不可触及的一切事物的充沛威力和力量中释放出来

（这也许是生活的秘密）。然而，尽管尼采强调这种类型的人富于游戏性，但他也还是会论及其伟大的严肃性，此种严肃性伴随着这一新新人类的初次出现而来，"首先要打上一个大问号……悲剧就此开始了"（《瞧，这个人》，"查拉图斯特拉如是说"，第2节）。然而，这里的任务，不是简单地将人们转变为这种超人类型，"因为，我们不会轻易承认，并非任何人都有权这样去做"。查拉图斯特拉是一位生活的舞者和乐师，他对现实具有最深不可测的惊人洞察力，并体验过深渊式的最低谷时期的思想（如，生活的永恒回归）。他在其中并没有发现反对存在的依据，而是发现了"一个让他成为他自己（to be himself）的合理理由，那就是对万事万物的永恒肯定"，从而让他能够宣称"在凝视每一个深渊时，我都依然蒙受我的肯定的福佑"（同上，第6节）。这不是那种不知道如何去否定的肯定，也不是负责咀嚼和消化的肛肠，后者吸收掉它所遇到的一切事物，并对它们言听计从。

这位伊朗的先知查拉图斯特拉，一个"可以驯服骆驼的人"，他在后来的希腊语形式变体中，以琐罗亚斯德的名字变得更加广为人知。他视存在为一种神圣计划的最终实现，并预言，一切都将会在最后一劳永逸地完美实现。整个宇宙不仅是存在的，而且，它还有其存在的目的。这位古代先知，用深刻的道德词汇来描绘这个宇宙，将其看作是两种精神之间的相互博弈，其中一种是意欲维持宇宙的力量，而另一种是想努力摧毁这一宇宙的蛮力。它们是善与恶的力量，也是创造与毁灭的力量（分别为 asha[*] 和 druj[†]）。这样一个神圣的计划预示着，意欲毁灭的精神和活跃作妖的邪恶意志的"谎言"终将被摒除，而那些创造性的良善意志将会取得最终胜利、遍及四方。那么，宇宙将会一劳永逸地摆脱掉这种混乱的蛮力。实际上，这将标志着有限时间的终结（迄今为止，是这一有限的时间在维持着宇宙的运转），并且，它还会标志着新的统治的开始——极乐的永恒（a blissful eternity）将一统天下。这与迄今为止统辖一切

---

[*] 中古波斯语，"asha"一般译作"阿沙"或"阿莎"，意为"真理""天则"，代表至诚和圣洁，与"druj"一词相对立。
[†] 中古波斯语，"druj"一般译作"德鲁杰"，代表谎言的恶魔，与"阿沙"相对。

的混合时间相比，将会发生很大的变化。

87　　尼采似乎很熟悉琐罗亚斯德教的一些细节，包括其神圣的经文教义，它一般被称作《阿维斯陀》("权威话语")。在《查拉图斯特拉如是说》一书中，贯穿着很多对这些宗教细节的用典和指涉，也有对它们的戏仿。查拉图斯特拉可能意指能驯服骆驼的人。知道这一事实，对于理解尼采所描述的查拉图斯特拉必须经历的几种变形有着重要的参考意义，这种变形将存在的沉重负担转化成了可以忍受的事物，并使之变得轻盈和自由起来（这本书的开篇节就叫作"三种转化变形"，尼采指的是从骆驼到狮子，再从狮子变成孩子的转化变形）。关于尼采为什么会选择古波斯先知查拉图斯特拉的名字来命名其人物，他只在自传《瞧，这个人》中有所披露。因为查拉图斯特拉创立了最具致命性的错误——道德，并将其转化上升到形而上学的领域——所以，他必须成为第一个认识到这个错误的人。正是出于这个原因，尼采创立了一项任务，让道德通过真诚来克服它自身，而真诚，是查拉图斯特拉这个古代先知所看重的至高无上的美德。现在，是时候让这个世界摆脱善恶二元对立的形而上学理论了。这必将产生一种新的真理和新的美德，也即，道德的自我克服，它将会在我们的身上得到实践。这种自我克服，并不意味着道德的终结或消解，而是意味着，我们取得了对道德的真实本质的认识（即，道德的本质是规训和培养人类动物的一种手段）。

我在本章开始摘选的段落出自《查拉图斯特拉如是说》中的"古老的法版和新的法版"一节。它是此书中最长的论述节之一，由30个部分组成，并置于全书第三部的末尾。在《瞧，这个人》中，尼采也把这一段视作《查拉图斯特拉如是说》全书中的重点章节。它为尼采构思"Übermensch"，即超人这一概念，提供了宝贵的洞见。在这一节选段落中，我们遇到的是耐心等待的查拉图斯特拉。他有大把的闲余时间，他正在等待一个未来的时机，届时，他将再次下山，下降到人类当中去。他正坐在那里等待着，周围是摔得粉碎的古老的法版和只写了一半的新的法版。这段话中的第2节讲到善与恶，当然，这并不是第一次在此书中提及。查拉图斯特拉强调，唯一知道善与恶的人，就是那个会创造的人，那个"创造了人类目标,赋予这个世界意义和未来的人：

他也同样创造了万物中的善与恶的品质"。关于善恶创造的古老的形而上学观念，都需要被一一推翻。有教授席位者、美德的大宗师、圣人、诗人和世界的拯救者们，都需要在这个任务上承担责任、采取行动。

那么，查拉图斯特拉又是怎样与这些人对话的呢？人们可以很轻易地去嘲讽过去的教导，但，这是一项极度严肃的工作。即使是新的教导，它也可能很快就被摧毁，受到错误估算和错误阐释的摆布（就好像创造新的善与恶是一件很容易的事情似的）。查拉图斯特拉坦言，他也为自己必须像诗人一样以寓言来载道的表达方式而感到羞愧。查拉图斯特拉明智的愿望，诞生于远离世人的高山之巅。这种狂野不羁的智慧，细察了世界的形成，看到了一个奔放不受束缚，继而被抛弃，最终又返回它自身的世界。时间在这个世界中，仿佛是作为一种无时无刻不存在的幸福嘲讽（blissful mockery）而出现的。这种时候，必要性本身就像自由一样出现，而且，人会在其中遇到自己旧时的魔鬼和大敌——重压之魔，这是一种创造了"强迫、教条……目的、意志以及善与恶"的魔鬼。这也是查拉图斯特拉一直不停与之抗争的恶魔。查拉图斯特拉努力想要战胜重压之魔，正是通过他的这种努力，才诞生了超人这个概念。

《查拉图斯特拉如是说》的主旨是关于救赎概念的新阐发。这在标题为"论救赎"的一节中也被加以讨论，它也是最为重要的一节论述。英文单词"救赎"，有偿还债务的意思，与此相反，德语中的该词"Erlösung"，则与解决、溶解（Lösung）和消解（Auflösung）相关联，因而也就有了一种自由的预设况味。查拉图斯特拉这样问道，意志中最孤独的折磨是什么？换句话来说就是，是什么造成了人意志上最大的痛苦和悲伤？他给出的答案是，造成它的一个事实就是，意志本身无法突破时间的重围，它活在时间的欲望控制之下："'曾经'——这就是让意志咬牙切齿的苦痛和最为孤独的折磨。"（这里所用的意象，同样出现在《快乐的科学》的格言341中对永恒回归的论述上）因为意志对过去发生的事情感到无能为力，所以，面对过去发生的一切事物时，它只能甘做一名愤怒的旁观者。而且，因为意志不能自行倒退回去，所以意志本身就势必会憎恨时间。然而，在时间的洪流中，只有未来才可以对发生过的事情进行弥补和更正。的确，只有未来才能教会我们如何去理解过去，才能知晓"我过去正是这样意愿的！"有何种意义。我们需要在"当下和现在"考虑未来，因为，只有未来能够打断当下单调而又稳定的节奏。因而，我们的任务不是实现与过去时间的和解，而是要通过新的创造和行动来拯救过去。只有通过这种时间的救赎，才能够使意志摆脱复仇的重负，这种报复精神削弱了意志与时间的关系，尤其是它与时间的过去性本质（time's essential pastness）之间的关系（时间的法则便是时间的消逝，时间处在永无休止的消亡之中）。[14] 这就很好理解，为什么查拉图斯特拉会如此热衷于教导人们认识到采取行动的必要性："美在什么地方？就在我必须以一切意志去追求之处；就在我想要爱和毁灭、不让一个形象仅仅停留在形象上面之处。"（"无玷的认识"一节*）好好生活，并且学会如何去爱生活，这首先就需要我们去触摸和体验生活。

---

* 此部分的中文译文，参考：尼采，《查拉图斯特拉如是说》，钱春绮译，北京：生活·读书·新知三联书店，2012年，第139页。

本章摘选的这段话，还包含了其他方面的重要内容。关于克服这一任务，尽管其途径千差万别，但是，也只有丑角才会认为，人类是可以被跳越过去的*(《查拉图斯特拉如是说》，第4节)。高贵的灵魂是指，把爱当作一项工作和任务来实践的人；他从不渴望"不劳而获，他在一生中都是如此"。对于有高贵的灵魂的人来说，生活已经赋予了他们很多东西，而他们始终在考虑的是，自己如何才能最好地回报生活。如果生活期许我们某个诺言，那么高贵的人就是会在生活中遵守这些诺言的人(同上，第5节)。必须生发出一种新的认识实践，来使我们的认识摆脱掉良心上的谴责(同上，第7节)。的确，关于善与恶，到目前为止，都只是些表象、肤浅的认识。而且，这是一种相当深刻的愚昧和自负，它还伪装成神圣性或超验性的认识(同上，第9节)。对于过去，人总是不可避免地满怀同情，当他们思考在多大

---

* 此部分的中文译文，参考：尼采，《查拉图斯特拉如是说》，钱春绮译，北京：生活·读书·新知三联书店，2012年，第232页的注释："跳越是性急而暴力的"。此书第一部第6节中写道：丑角"大叫一声，跳到挡路者(第一个表演走钢丝者)的前头"，后者"一脚踏了空……跌落到地上"。

程度上是这样的时候，同情则势必会导向过往。为了防止以下两件事情的发生，需要一个新的贵族阶层：其一，是大独裁者的统治，因为他可以规定和限制过去所发生的一切事情，直到过去的一切变成他可以利用的桥梁；其二，是群氓中的一员的统治，因为这种人回溯历史时，只能追溯到他的祖父那里，便再也无法向前了。因为，那个时候，时间对于他而言，仿佛停止了。新贵族阶层将反对所有形式的群氓统治和独裁专制，在新的法版上铭刻上"高贵"一词。这种贵族阶层，将由许许多多不同类型的高贵的人组成（同上，第11节）。这些高贵之人所热爱的土地，不是他们的祖国和先辈的领土，而是未来孩子们的土地，也被称作"在遥远的海上未被发现的土地"（同上，第12节）。

这种新的思想教导将会与现代的虚无主义精神相抗衡。虚无主义，本意在反对生命，可它现在又做了死神的传教士。它毫不费力气地宣扬，一切都是徒劳无功的——如果此生注定要背负如此多的鞭打和重负，人为什么还要活着？如果燃烧自己来取暖却不能感到温暖的话，人为什么还要活着？——它还宣扬，这个世界是一个肮脏的地方,智慧只会使人感到疲倦等等,不一而足。正是由于这种思想模式的存在,某些现代人才设法去使自己变得高尚:"这样的人就算坐下来吃晚饭,也不会带上任何东西,他们甚至连胃口都没有——而现在,他们还无端诽谤说:'一切皆是虚妄!'"(同上,第13节)这些具有现代精神的人都还不明白,知道如何吃好喝好,并非徒劳无谓的艺术。他们"学得太差,而且根本没有学习最好的东西,他们学习每件事的时候,都过早、过于仓促:他们吃得也很不好"(同上,第16节)。那些如此遭受生活折磨的人,并不知道,精神其实就是胃,他们的精神就是感受到痛苦并与死亡相抗衡的胃。

好好生活是一门艺术和科学,我们在生活中订立各种协议时都应该受其启发,我们甚至还可以将它延伸到婚姻协定中。我们难道不应该这样去试婚吗?比如,尝试一小段"有期限的婚姻,看看结婚的双方是否彼此适合,能否成就一个完美的婚姻!在婚姻中,我们总是要和另一个人待在一起,这可是一件大事啊!"。不良婚配中的夫妻,永远是那种报复心强的人,他们会使身边所有的人蒙受痛苦、不得安宁,只因为他们现如今已不再是单身状态了。那些彼此相爱的人，需要确保他们能够在婚姻中继续相爱，或者当众宣告，他们当初对彼此的诺言是个误会（同上，第24节）。查拉图斯特拉对生命和这个世界的热爱是如此强烈，以至于他期盼"新新人类"的到来，他们会随着"新源泉"涌入一种"新的深度中"而诞生（同上，第25节）。"谁发现了'新新人类'的国度，也就发现了'人类未来'的国度。现在，你们应该去做航海者了——勇敢无畏而又持之以恒的航海者！"（同上，第28节）

尽管尼采希望保护人类，让他们免受形而上学陷阱的影响，这些形而上学的陷阱试图教导人类，存在一个完全不同版本的起源和更高的目标。但是，很显然，尼采仍然继续关注着人类可能的未来走向（尼采在《善恶的彼岸》第62节中将人类称为"尚未明确定型的动物"）。在尼采的思想体系中，超人是一个很容易造成误解的幻想吗？想要真正克服形而上学的抽象和道德的理想，难道不更需要放弃像超人一样的事物吗？以上这些问题，在很大程度上，都取决于我们所理解的尼采对这一术语的定义。在《查拉图斯特拉如是说》一书中，"超人"这一词与玄幻的形而上学推测并无关联,它只是表征了一种新新人类。这种新人类已经消化并接受了上帝死亡的消息,他们试图实践快乐的科学,并放弃道德上的形而上学。需要指出的是,只有在尼采的晚期著作(1885—1888)中,他关于这一新新人类未来状况的想法,才开始变得玄幻和有害起来。

尼采非常诚实,他可以向读者坦承一切,比如,"尔当!"(Thou shalt!)在他的著作中不绝回响。我们可能会以为,这会使尼采成为最高的道德主义者,这也是弗洛伊德对他的评价。但是,尼采的道德主义有其特殊而又自相矛盾的方面。它为自己设定了一个独特的目标,即要向人类展示净化(purification)和舍弃(renunciation)任务中所涉及的一切(《快乐的科学》,格言285和格言335)。这就需要人们学会在没有上帝概念和理想"咒诅"的情况下去生活。对尼采来说,迄今为止,上帝的概念一直是对存在的最大驳斥。因为,上帝指向了一个终极存在,它是宇宙的第一动因,也将会使我们视这个世界为一个整体。要拯救(解放)这个世界,只有通过否认上帝这个概念来实现。上帝不应该被视作人类拥有智力的原初答案,他也不是禁止人们思考的律令。在《快乐的科学》的格言285中,尼采概述了现代人类所面临的这一舍弃任务,并对人类提出了一些诉求。我们现代人将永远不会再行祈祷,也永远不会再生活在对上帝的无限信任中;在任何终极的智慧、良善或力量呈现之前,我们决不会再让我们的思想无序纷飞;我们决心这样去生活,相信我们的人生之书里,没有复仇者来评判,也没有更正者来加以修改;我们无法对发生在我们身上的一切做出解释,也无法在我们生命中发生的事情中寻找到热爱;我们武装自己,以反对任何最终的和平,我们将促使战争与和平周而复始、永恒回归。我们是懂得舍弃的人类,我们已经放弃了所有这一切。但是,我们在哪里能找到这样去生活的力量呢?尼采曾说起过一个湖泊的故事。有一天,这个湖泊拒绝让自己蓄的水流走,因而,它渐渐地筑成了一个水坝。自那以后,它越涨越高、越涨越高。最终,尼采得出了他的结论:"也许,这样的舍弃将会使我们有力量去承受舍弃的后果;也许,当人不再流向某个神明时,他就会站得更高。"

尼采希望我们能在不带理想化和道德化的现实中生活。他在《查拉图斯特拉如是说》中也提过，新人类的任务便是要脚踏实地地在地球上生活。而尼采抛给新人类的困难挑战是，在这种没有了理想化和道德化的前提条件下，人是否还能继续在地球上生活并热爱生活。尼采不能确定他自己是否也被那些他所鄙视的道德化和理想化教条所浸染过。也许他也深受其害，甚或影响更深。可以说，正是这种浸染，使尼采遭受了极大的痛苦，也使他的痛苦变得深刻而艰难。

第九章　虚无主义与虚无意志

　　如果除去禁欲主义理想，那么人，动物人，迄今为止尚未有什么意义，他在地球上的存在不包含着目标。"人生究竟是为了什么？"这是一种没有答案的问题。人和这个世界缺乏意志，在每一个伟大人物的命运背后，都重复震响着一个更大的声音："徒劳！"禁欲主义理想恰恰意味着缺少了点什么，意味着有一片巨大的空隙环绕着人；他不知道该怎样为自己正名，不知道该怎样解释自己、肯定自己，他为没有解决他的存在意义这个难题而感到痛苦，他也为其他问题而感到痛苦，他基本上是一个患病的动物，可是他的问题并不在于痛苦本身，而在于对"为什么痛苦?"这类大声提问无从对答。人,这最勇敢、最惯于忍受痛苦的动物,他并不否认痛苦本身:他想要痛苦,他寻求痛苦,除非有谁给他指示出一种生存的意义,一种痛苦的目的。是痛苦的无目的性而非痛苦本身,构成了长期压抑人类的灾难,而禁欲主义理想给人类提供了一种意义,一种关于痛苦的意义。直到现在,这还是人类唯一的意义,任何一种意义都强于毫无意义。无论从什么角度看,禁欲主义理想恰好为他们提供了这样一种意义,是有史以来最好的"权宜之计",它解释了痛苦,似乎填补了巨大的真空,特别是关闭了通往自杀型虚无主义的大门。无疑,解释也带来了新的痛苦,更加深刻、更加内向、毒素更多、更腐蚀生命的痛苦:它将所有的痛苦都归因于罪责……可是,尽管如此,人由此而得救,他便有了一种意义。从此,他不再是风中飘零的一叶,不再是荒唐戏、"无意义"的玩偶,他现在能够有某种意愿了——至于他这意愿下一步骤、方向、目的、方法是什么,那都是无关紧要的了。关键是意志本身被拯救了。我们不能再缄口不谈那全部愿望本来所要表达的东西,禁欲主义理想诱导着这种东西去仇恨人类,甚而仇恨动物界、仇恨物质;禁欲主义理想诱导它憎恶感官、憎恶理性本身;诱导它畏惧幸福和美丽;诱导它要求摆脱一切幻觉、变化、成长、死亡、愿望,甚至摆脱追求本身。让我们鼓起勇气直面现实:这一切都意味着一种虚无意志、一种反生命的意志,意味着拒绝生命最基本的生存条件。但它的确是,而且仍将是一种意志。最后,还是让我用开头的话来结尾:人宁可追求虚无,也不能无所追求。

——《论道德的谱系》,
第三篇论说文,第 28 节[*]

尽管虚无主义的议题在尼采的后期思想中占据着主导地位,但我们在其所发表的著作中,并未找到太多的相关论述。关于虚无主义,最重要的资料来源是《快

---

[*] 此部分的中文译文,参考:尼采,《论道德的谱系》,周弘译,北京:生活·读书·新知三联书店,2017 年,第 164—165 页。

乐的科学》第五卷和《论道德的谱系》一书，尤其是后者中的第三篇论说文。但是，在这一时期尼采未出版的著作中，我们发现了许多关于虚无主义论述的草稿笔记。其中，最重要的是1887年6月的一篇笔记，其标题为"欧洲的虚无主义"，又因称"斯普林希思"（Spring Heath）而为人所知，斯普林希思指的是尼采在瑞士上恩加丁地区住过的地方。他于此地完成了这篇笔记，随后——该年7月与8月，尼采创作了《论道德的谱系》。这篇笔记与《论道德的谱系》中的第三篇论说文的主题密切相关，此外，在尼采的这篇笔记中，我们还会发现，它也是关于永恒回归主题的一个阐释文本，稍后我们将会对此进行说明。[15]

　　本章开头摘选的是《论道德的谱系》的最后一节，它是此书第三篇——也是最后一篇——论说文的结束语。这一节采用了一种探究考察的方式，细察了禁欲主义理想、否定的理想和意志的节制。尼采将此作为诊断手段以探究其意义或重要性。从中可以很明显地看出，尼采对这些问题的考察其实也是对人类意志本身的思想和方向的考量。尼采在此篇论说文的第23节中就阐明了他此番考察的具体意义。在这一节中，尼采谈道，禁欲主义理想是一个通用的术语，要想了解其具体内涵，需要细致分析其"背后、之下和之中所隐藏的事物"，而且，"它以一种短暂而模糊的方式表达出来的东西，往往充满疑惑和误解"。简而言之，我们的任务是，通过揭示隐藏在禁欲主义理想之下的东西，来将这一理想带入到我们的自我认识中。尼采认为，这一理想具有一种力量；而且，这种力量还是巨大和惊人的，它会产生"灾难性"的骇人效果。尼采想知道，为什么禁欲主义理想在人类的存在中占据了如此重要的位置，以及为什么很少有对它的有效抵抗。尼采还提出了一个问题，即，"反对的意志在哪里呢？这种反对的意志中，将会有反对的理想来自我呈现"。

在这一指导问题的影响下，尼采在他的论述中考察了一系列切实存在的现象，其中就包括艺术和艺术家（《论道德的谱系》，第2—6节），哲学和哲学家（同上，第7—12节），宗教和牧师（同上，第13—22节），科学（同上，第23—27节），无神论和认识上普遍的唯心主义（同上，第25—27节）。尼采的惊人表述是，在以上所有这些领域的实践中，都包含了禁欲主义理想，甚至还强化了这一理想。对于尼采提到的禁欲主义理想在发展过程中所囊括的如此众多的现象，一些读者可能会产生怀疑。然而，对尼采来说，这一理想在历史上如此盛行，甚至目前仍继续盛行，是因为它揭示了关于人类意志的一些本质因素，或者说，是一个"基本的事实"。这一基本事实主要是，一个"恐怖真空"吞噬了人类意志，并表明它其实需要一个目的或目标——以至于人类意志会达到"宁可追求虚无，也不能无所追求"的地步。

尼采意识到这样一个事实，随着"面向虚无的意志"构想的提出，他正在有意颠覆叔本华的观点，对后者来说，意志和虚无是一对相互排斥的条件要素。一旦我们认识到，无法治愈的痛苦和永无休止的苦难是生命意志现象的本质特征时，我们将会看到，随着这种意志的废除，世界也一道消解了，于是，留在我们面前的就只剩下空洞的虚无（empty nothingness）。对于叔本华来说，这可以成为我们人类极大的安慰。而尼采的主张却是，有所意愿（willing something）是人类存在和自我否定实践中一项不可避免的事实，它会涉及意志对其自身意愿的违拗。但是，它仍然是一种意愿的表达（虚无仍然是一种目的或目标，它也有所指向，无论其指向的是基督教的上帝还是佛教的涅槃）。实际上，尼采是对反常现象（perversion）进行了一番描述，他对自己新发现的事物既感到着迷又惴惴不安。

从某种意义上来说，禁欲主义理想似乎是一种自我矛盾的理想，正如我们似乎常遇到的那样，生活也会与它自己争斗。但是，尼采认为，从生理学和心理学的角度来看，这简直就是胡说八道。他在《论道德的谱系》第三篇论说文的第 13 节里指出，通过一番仔细研究，我们会发现，这种自相矛盾只是表面的，它是"对某种事物的一种心理学误解，其真正的本质远未被人们所理解……"。尼采表示，这是"嫁接到人类认识的古老鸿沟里"的一个术语。尼采的论点是，禁欲主义理想有其来源或根源，它起源于他所谓的"堕落生活的保护性和疗愈性本能"。这种禁欲主义理想是一种生理上的疲惫，在它面前，"生命中最深层次的本能——此前一直处于蛰伏状态——现在开始不断地与新的方法和新的创造相斗争"。禁欲主义理想不是我们所能简单设想的；例如，它不是对生活状况（变化、死亡、成长等）的超越，而是跟生活状况的斗争和对抗。实际上来说，它几近于"一个保存生命（preservation of life）的诀窍"。禁欲主义理想的核心本质，在于对生活感到厌恶，对存在感到恶心。这种厌恶感无法超越生活的状况，而只能以特定的方式来表达它们。正如尼采所列举的，禁欲主义的牧师渴望成为他者而不是他自己，他渴望去往宇宙中除地球以外的其他任何地方。牧师的这一欲望，包含了一种根本的狂热和激情，"他的这种渴望的力量"其实是一种束缚，继续将他捆绑在其渴望之上。这种捆绑使他沦为一种工具，"他必须努力去创造更有利的条件，使得自己能够继续在这个世界上存在和更加具有人性……"。具有讽刺意味的是，这种消极的人的类型其实属于"那类人，他们具有真正保存生命和肯定创造（yes-creating）生命的强大力量"。

人类为什么会患病？这该如何解释呢？尼采对这一问题的回答，将我们拉回到《论道德的谱系》第二篇论说文的开头：作为一种时间和记忆的动物，人有可能会遭受来自他自己的沉重苦痛。因为，这种患病动物——

也即人类——"比其他任何动物加在一起都要更大胆、更创新、更勇敢,以及更敢于挑战命运"。人类是一种可以自由地对自我进行试验的动物,他们还努力掌控其他动物、自然界,甚或是神灵。人是"仍未被征服的未来主义者",人类的未来"就像马刺一样,它毫不留情地深深嵌入每个当下的肌理,鞭策其前进……"。人类是一种英勇无畏而丰富多彩的动物,也正是由于这种英勇和丰富性,他们同时也成了最濒临灭绝的动物,易于遭受生命中急性病痛的折磨。尼采举例表明,历史上曾有流行病盛行的时期,那时候,人类的存在中普遍充斥着对生活的厌倦,这种厌世病症也会大肆侵袭某个民族。但是,尼采指出,即使是这种对于生存的恶心和随之而来的倦怠,也可以推动人类朝着新发明和新创造的方向前进。因此,在厌世和恶心感带给生活的这类"否定"中,也还蕴藏着一种"温柔的'肯定'的宝藏":哪怕是在自我毁灭中,我们也能够剜出一道流血的伤口,从而可以迫使我们继续生存下去。因此,对尼采来说,人类的患病必须被理解为一种正常状态。人类动物的真正驱动力,不是要获得灵魂的救赎,而是要对其自身进行实验。我们都是自我侵犯者，是"心灵的胡桃夹子"。我们会质疑，但同时，我们也是有问题的，也值得怀疑。尼采提出的关键问题是：我们可以对这种质疑之事等而视之吗？如果我们能够提出更值得提问的问题，那么，我们可能也就更值得去生活。

尼采反对禁欲主义理想的依据是什么？他反对禁欲主义理想，因其本质上不诚实：禁欲主义理想认为，存在更高级和更高贵的事物，而事实上，它只是精力和生命力旺盛的表现，但它拒绝对此加以承认（禁欲主义不知道其自身欲望的本质）。例如，如果一个哲学家向禁欲主义理想致敬，就像叔本华所做的那样，那么对尼采而言，这是因为这个哲学家本身对禁欲主义具有最强烈的、最个人化的兴趣。这就好比，一个饱受折磨的人会渴望从他的折磨中逃离一样。尼采表示，他反对禁欲主义的牧师提供的治疗，因为它不是医生开出的疗方。牧师只医治患者的不适，而不会寻根溯源，找到患病的真实原因和身体的实际状况。当然，这并不妨碍尼采对牧师表达一定程度的钦佩，因为牧师可以从这一角度发现和处理患者的部分不适。牧师是天才的告慰者，基督教发明了"一个巨大的宝库,里面有最别出心裁的安慰人的手段"(比如,提神、舒缓、麻痹等手段和方法),为此目的,他们承担着可怕而巨大的风险,他们能巧妙地确定"哪些情绪可以用来刺激和克服生理受阻之后而产生的那些深深的压抑、疲惫的怠倦和阴暗的忧郁"。所有伟大的宗教都有过这样的抗争,它们会与像流行病一样的厌倦和生命的沉重进行斗争。尼采为所谓的宗教找到了一种通用的公式,那就是此种无意识的生理受阻感,而宗教会将其错误地归因到心理-道德层面上,并对其进行错误的治疗(例如,宗教会发明一些诸如负疚和罪恶等不合逻辑的概念)。

  尼采认为,此种人类疾病同时也会伴随着对人的不可避免的恐惧,其巨大危害就在于,它不会促进更高和更为罕见的人的类型的发展,反而会导致与此相反的情形,即导致平均化和同质化的出现。在这种情形中,社会和政治机构的存在只是为了遏制人的行动。其危险在于,我们将会使得社会上出现对人类状况的虚假同情。我们需要努力克服的不是对人的恐惧,因为,这种恐惧反而可以促发新的实验和规划。相反,我们需要努力克服的是对人感到的恶心和对他施与的同情，因为这只会产生人类的"'最后意志'（last will），也即虚无意志、虚无主义"。尼采充分认识到这样一个事实：我们不能为人类历史设定目标；相反，任何目标只能放在历史中来考量。如果我们需要什么目标，那是因为我们需要某种意志——"那是我们的脊椎骨"[16]。尼采似乎以一种特别敏锐的方式，在他自己的哲学存在中，感受到了这种脊椎骨。

正如尼采所指出的那样，问题不仅仅在于我们遭受生活的苦难这一事实，而是在于，这种受苦需要某种解释和正当性。尼采发现，只要赋予苦难一定的意义和方向，人类动物甚至会甘愿受苦（will its suffering）。禁欲主义理想所发展出来的对苦难的解释，成功地关闭了通往自杀型虚无主义的大门。通过使苦难具备更深层次和更加内在的含义，禁欲主义理想便为苦难增加了新的理解维度和层次；它创造了一种更加强烈噬咬生活的痛苦，并随即以某种视角将其诠释为负疚或者道德亏欠。但是，这种对意志的拯救，以牺牲人类的未来为代价，并导致了人对人类存在状况的一种仇恨。它表达了一种彻底的虚无意志，一种对"幸福和美丽事物的恐惧"，以及一种对摆脱表象、短暂、成长、死亡等的渴望。

在1887年6月关于论欧洲的虚无主义的草稿笔记中，尼采开门见山地指出，"基督教-道德假说"给人类带来了一些好处，例如，在人类认识到自己在宇宙和变迁洪流中的渺小时，它赋予了人绝对的价值。它也是上帝存在的拥护者，认为上帝给予了这个世界完美的特质，在其中，邪恶和苦难都被赋予了一定的意义。最为重要的一点是，它还保护了人类免于轻贱自己，避免产生认识上的绝望感。尼采表示，总的来说，这是攻克理论上和实践中的虚无主义的最好解药。仅仅因为这一假说已经崩溃并丧失了其所有信誉，所以，虚无主义现在已然无可避免了。但是，虚无主义也可以被视为一个病理性的过渡阶段：我们从其中的一个极端立场（自然界和整个世界都有其意义和目的）转换到另一个极端立场（一切事物都丧失了意义和目的）。要是虚无主义现在更像是一个朝我们走来的怪异客人，那不是因为其存在中令人不愉快的特质比以前更甚了，而仅仅是因为，我们现在对存在的任何意义都有所怀疑，而且在我们看来，一切都是虚妄。尼采强调，没有任何目标或目的地与这种"虚妄"纠缠，是最容易使人麻痹的想法。正是基于这一点，他重新引入了永恒回归这一思想假说，它是虚无主义的最极端形式。之所以会这样，是因为，永恒回归的思想首先就假设，存在是没有意义或目的的，并且它永恒地重复存在、不带任何目的，直至步入虚无的境地。尼采将其与欧洲发展的佛教形式进行了对比，并发现，该学说和佛教一样，都有其经院哲学上的预设。要成为一名当代的虚无主义者，就必须在精神和文化层面上都处于相对有利的高度，因为，它是以一定程度的智性文化和相对的繁荣为前提的。

从病理学的层面上来说，虚无主义是那些生活变得糟糕的人的病症，他们发现自己在生活中没有任何宽慰可言。这些不健康之人的类型，在所有阶级中都存在。尼采说，对他们而言，永恒回归将被视作一种诅咒。这种类型的人，在存在失去其意义之后就"否定"存在，他们摧毁事物仅仅是为了让自己同样能够被毁灭掉。因此，他们对于毁灭的欲望具有一种荒唐的特质。他们咬牙切齿，狂热地追寻一种毁灭的意志，"消除掉一切没有目标和意义的事物"。实际上来说，这种所谓的积极的虚无主义，其实是一种消极反应式的虚无主义。尼采预见到了一场危机的发生，在这场危机中，不同的力量汇聚到一起、彼此发生冲突，并且，"人类将被委以重任，其共同目标是拥有相反的思维方式"，这会导致"各种力量之间等级排序"的开始。尼采接着询问，在这场争斗中，谁将会具备最强大的力量？他还指出，强大与否，无关乎数量或蛮力。最强大者将会是最温和的中间派（the most moderate ones），他们不需要极端的信仰条款，但是，他们会退而承认确实有很多偶然性、非理性的存在，他们甚至还会喜欢它。而且，中间派的人可以以其有节制的中庸（moderation）价值观来度量人类，从而不会反过来使人类变得微渺或虚弱。这些中间派大多是身体强健之人，他们也遭受过生活的不幸，因此也就可以等而视之，很少惧怕它们。并且，他们对自己拥有的力量确定不疑、十足自信。精神上成熟的人会如何看待永恒回归的思想呢？尼采通过提出这一问题结束了此篇笔记中的讨论。这一时期，尼采在其他笔记中，将永恒回归的思想概述为一种伟大的可供逐渐培养的思想，这种思想将通过一种使强者更强、使虚弱者及不满者更加羸弱的方式,来给人类提供一种人工(artificial)拣选和繁衍的新原则。

尽管尼采严厉地批评禁欲主义理想,但是,他也无法彻底放弃这一观念,因为人类的意志需要一定的意义和方向。他对这一议题的关注和痴迷,导致他的后期著作中产生了一些严重的问题。例如,在《反基督》(1888)中,他这样定义"好"与"坏":一切有利于增强权力的感受(权力意志)都是好的,一切源自虚弱的东西都是坏的。他甚至主张,"弱者和身体抱恙的人都将会灭亡:这是我们的慈善事业的第一原则"(《反基督》,第2节)。这些全然不是一个启蒙者、一个成熟的哲学家会说的话,它倒像是一个还在继续患病的动物所说的话。尼采是这样思考这个问题的,他认为,这关乎着人类现在"应该"怎样在物种序列中成功存活,而且它还影响着这一问题,即,如今"应该"培育什么类型的人才能使人类更具有价值,并拥有一个更加确定的未来。尼采说,这种更有价值的人类,曾经存在过,但那仅仅是一次幸运的偶然事件。现在,要"有意"培养这种人类,以区别于"豢养的家畜、群生的动物、病畜——基督徒等等"。这种"高级类型"的人类就是他所命名的"超人"(《反基督》,第3和第4节)。尽管尼采在他的人类培育和拣选计划概念中,没有一丝种族主义者的观念,但毫无疑问,这还是成了他思想中最令人惴惴不安的一面。很难否认,在其后期著作中,尼采对权力意志的"理想"、永恒回归和超人等思想进行的升华——关于这种升华的特质,在《查拉图斯特拉如是说》中有很好的展示——都退化成了某种奇幻而怪诞的东西。

尼采对欧洲虚无主义现象的分析具有一定的启发性,但是,它也存在严重的问题。比如,它仍然过于集中在讨论意义的危机之上,也正因此,它所努力寻求克服的事物——即形而上学——也正永久、持续地强化它自身。作为虚无主义最极端的一种形式,永恒回归的思想是应对这一危机的解决方案。但是,无意义仍然被捆绑在这一意义危机的问题之上,并且,肯定无意义的永恒回归,也很难说是一门真正的解决之道。实际上,这个问题并不需要解答(resolving),而是,问题本身需要被消解(dissolving)掉。此外,在1887年的笔记中,其永恒回归思想的运作有一种准宇宙学（形而上学）方面的特征，这并不能很好地服务于尼采思考的最终目的。它粉碎了所有绝对独一性（absolute singularity）的主张，还通过一种相对的方式，将我们的这个世界置于一个无穷循环和回归的多重世界当中。虽然永恒回归的思想反对"犹太−基督教传统"（Judeo-Christian）中的历史观——此种历史观认为，我们的独特历史靠神恩统治，它将会带来全人类的救赎——然而，它这样做，却是以扫除所有的具体辩论为代价的。尼采认为，通过永恒回归的思想学说可以进行择强除弱的拣选，然而，他的这种想法，明显是一种充满报复性的幻想。

第十章 瞧，这个人

有鉴于我不久就必须向人类提出那前所未有的最为艰难的要求，我觉得绝对有必要来说一说我是谁。从根本上来讲，人们或许是知道这一点的：因为我未曾让自己成为"未经证实的"。不过，我的使命之伟大与我的同时代人之渺小，两者是大不相称的，这种不相称表现在，人们既不听我的话，也未曾哪怕仅仅看一看我。我是靠自己的信誉活下来的，而说我活着，这也许只是一个偏见罢？……我只需对夏天来上恩加丁的无论哪个"有识之士"说说话，就能使自己相信我并没有活着……在这种情况下就有一种责任，根本上乃是我的习惯，尤其是我的本能之骄傲要反抗的一种责任,亦即要宣称:听我说罢!因为我是如此这般的一个人。别把我与所有人混为一谈啊!

举例说,我完全不是一个鬼怪,不是一个道德怪物,——我甚至是人们一直当作德性来尊重的那种人的一个对立天性。在我们中间,我觉得,恰恰这一点要归于我的骄傲。我是哲学家狄俄尼索斯的一个门徒,我更喜欢成为一个萨蒂尔(Satyr),而不是成为一个圣徒(saint)。但人们只管来读读这本著作罢!也许我已然成功了,也许这本著作除了以一种欢快而善意的方式表达出这一矛盾之外,根本就没有别的什么意义了。我所允诺的最后之事或许是"改善"人类。我没有树立新的偶像;但愿旧的偶像能了解用陶土做的双腿*有什么意思。推翻偶像(我用来表示"理想"的一个词语)——这种说法更合乎我的行当。人们捏造了一个理想的世界,在此意

---

* 根据西方的《圣经》传统,上帝用黏土造人,所以被造的人类常被称为器皿或陶具,因而也就有了陶土捏造的双腿,这里表示尼采对基督教传统中上帝造人观念的驳斥。

义上就使实在丧失了它的价值、意义和真实性……"真实的世界"与"虚假的世界"——明确地讲就是：捏造出来的世界与实在……理想的谎言一直都是实在头上的咒语，人类本身则通过这种谎言而在其最深层的本能当中变得虚假和虚伪了——直至去膜拜那些相反的价值，或许正是这些相反的价值才保证了人类的繁荣、未来，以及对于未来的崇高权利。

——《瞧，这个人》，前言第 1 节和第 2 节[*]

在尼采的后期著作中，有两个主要的特征值得注意。首先，它们是被当作一种未来哲学而写就的，并且他还试图将这种哲学预示为一种事件。第二个特征是，这一时期的著作属于尼采作品中所谓的"否定"部分，例如，它们要求重估一切价值，并预示有关做出决策的重大日子的来临。与此相反，从 1878 年以来的此前著作中，尼采所执行的任务明显属于其作品中"肯定"的

---

[*] 此部分的中文译文，参考：尼采，《瞧，这个人》，孙周兴译，北京：商务印书馆，2016 年，第 1—2 页。

部分。尼采说，从现在开始，他所有的作品都将是鱼钩，他正在寻找、意欲钓到大鱼。换句话来说，它们是在试图引诱（"amor"——爱，这个词来自拉丁语中的"amus"，其本意便为钩子或诱饵）。

本在尼采计划中的鸿篇巨制，他给它起名叫"权力意志：重估一切价值的尝试"，很可惜，这本书从未成形。不过，人们还是可以在《偶像的黄昏》（于1889年出版）和《反基督》（1895年出版，尼采认为这是第一本重估一切价值的书）中找到它的一些影子。通过写这些作品，尼采的反道德运动，尤其是他反基督教道德的运动，愈演愈激烈了。1886年，尼采为他已出版的著作目录部分撰写了一组新的序言，这是尼采所写过的最好的哲学性自我反省。他承认他自己也是个"捕鸟者"，并且他努力反对一种浪漫的悲观主义倾向，认为它不科学，而且会将个人的经验扩大上升为普遍的判断。尼采在自己的思考中一直致力于反对这种倾向。

直到尼采快走到他理智生命的尽头*时，他的著作

---

* 一般认为是1889年1月3日，这一天，尼采在都灵街头疯了。

才开始吸引到一批欧洲作家和知识分子的注意（例如，伊波利特·丹纳和奥古斯特·斯特林堡等人）。尼采本人认为，这种说法十分可笑，因为事实是，他已经开始在各种各样的激进党派和圈子中产生秘密的影响了。尼采说，在43岁的时候，他感到像小时候一样的孤独。尼采以一种被诅咒的命定口吻来谈及他的孤独，在这种命运中，要求他继续生存下去的非同寻常而又艰巨的任务，也同样会迫使他避开人群，摆脱掉所有属于普通人的束缚。尼采认为，为他辩护和说情既没有必要，也不合其所愿。他反倒建议人们，对他采取一个更加明智的态度，就像人们在面对一株陌生与奇异的植物时所采取的那种态度——也即，一种充满好奇和带有反讽性抵抗（ironic resistance）的态度。1887年12月，在给丹麦评论家格奥尔格·勃兰兑斯[*]——有史以来第一个以尼采作品为研究和讲座对象的人——的一封信中，尼采对对方称自己的思想为一种"贵族激进主义"（aristocratic

---

[*] Georg Brandes，丹麦文学评论家、文学史家，代表作是六卷本的《19世纪文学主流》。

radicalism）给出了肯定的友好回应。

1888年，尼采在锡尔斯-玛利亚度过了他在这里的最后一个夏天。那一年的早些时候，尼采曾写信给他的朋友弗朗茨·奥弗贝克，倾诉说这个世界不应该再期望从他这里得到任何美好的事物，就像人们不应该期望一个饥肠辘辘、遭受痛苦的猛兽还能够优雅地捕获猎物一样。他承认自己并没有振作起来，没有修复好自己的人类之爱。他还谈到他荒谬的与世隔绝，这将他与世人相联结的一点残存可能，也变成了只会伤害他的某种东西。在这一年更早一些时候的另一封信中，尼采说自己是一只患了病的动物，也是野兽哲学家。尼采知道，如果哲学家公然炮轰迄今为止人类所尊崇的一切，那么，这个哲学家势必会遭到来自公众的敌视。这种敌视会惩罚他、将其打入一种孑然的孤立状态，而且，人们也将会用病理学和精神病学中的恶毒语言来评判他的著作。于是，尼采决定腾挪出一点时间，先来解决他所谓的丹麦思想家索伦·克尔凯郭尔的"心理问题"。然而，尼采从来没有道明，用这种方式提及克尔凯郭尔究竟是什么意思，对此，只能引发我们的好奇和猜测了。在他理智尚存的最后几年中，尼采对都灵这座城市产生了好感。尼采在书中写道，他发现，都灵不是一个现代化的大都市，而是像一个"17世纪的皇室宅邸"。它有贵族式的冷静派头，没有狭窄密集的郊区，而且，它还具有一种威慑性的齐整品味。他特别喜欢都灵漂亮的咖啡馆、迷人的人行道、电车和公共汽车的规划布局方式，以及整个城市的街道都十分整洁这一点。

在他44岁生日那天，尼采开始写作自传《瞧，这个人》。他说，这本书是他检验"德国的言论自由思想"可以达到何种程度的方式。他想以"所有可能的心理学狡黠和快乐的超脱"来谈论他自己和他的所有著作。尼采坦承，他最不想看到的便是被人当作某类先知预言家。而且，他希望，这本书能够阻止读者将他与他所不是的一切混为一谈。这本书的标题，不仅影射本丢·彼拉多*关于基督的那句名言，而且，也指向拿破仑在向歌德致敬招呼时所说的那句："瞧哇，那个人！"尼采

---

* Pontius Pilate，罗马帝国第五任犹太总督。在上任期间（公元26—36年），他处死了犹太人耶稣（基督）。

这样解释这句惊叹语的含义："当我只期望看到一个区区德国人时，这里竟然有一个人。"(《善恶的彼岸》，第209节）显然,尼采本人也不想被人视为"区区德国人"。尼采常以一个"好的欧洲人"、"最后一个反政治的德国人"、波兰人、法国文化的崇拜者等身份自诩。一言以蔽之，他除了不是区区德国人，可以是任何人。这个时候，他还写信给了很多人，说他的健康从未得到改善。尼采写了很多信件初稿，其中就包括写给威廉二世的一封信。还有他写给妹妹的信，在这封信中，他告知妹妹自己不得不永远与她分离、决裂。其实在此之前，尼采已经有好几次都采取一种不可挽回的方式去这样做了。尼采认为，横亘在他们兄妹之间的巨大鸿沟，在很大程度上，都归因于她的反犹主义。

12月，《瞧，这个人》交付给了出版商，尼采被他的房东看到在房间里一丝不挂地跳舞，并且大声唱歌。1889年1月3日的早上，尼采正在都灵市的卡洛·阿尔贝托广场上散步，他目睹了一名马车夫死命殴打一匹马。于是，他走上前，环抱住了马脖子，接着，他摔倒在地，不省人事。在接下来的几天中，尼采又写了一系列臭名昭著的信件：他写给加斯特，宣布这个世界已经变形了；写给他在哥本哈根的捍卫者勃兰兑斯，跟对方说，他现在最大的麻烦就是要知道如何放弃自己；写给瓦格纳的遗孀科茜玛·瓦格纳，他在信中写道，"阿里阿德涅，我爱你！"；写给奥弗贝克，说自己已经枪毙了所有的反犹主义者；还写给他在巴塞尔大学的前同事雅各布·布克哈特*，说自己是历史上所有的名人。布克哈特将他收到的信展示给奥弗贝克看，奥弗贝克随后便前往都灵，把尼采带回了巴塞尔。正如尼采的传记作者吕迪格尔·萨弗兰斯基所指出的那样，尼采的哲学历史在1889年的1月宣告结束。而后开启的是另一部历史——他的影响史和共鸣史。这一历史，一直延续至今。

尽管《瞧，这个人》在后来成了尼采的最后一本书，但他并非有意为之。尼采本来有开展新项目的计划，但在当时，他选择对自己到目前为止发表的著作进行一番回顾，并指导他的未来读者。《瞧，这个人》是一本欢

---

* Jacob Burckhardt，生于瑞士巴塞尔，著名的文化史、艺术史学家，代表作有《意大利文艺复兴时期的文化》《希腊文化史》《世界历史沉思录》等。

快的书，带有讽刺性的章节标题，例如，"我为什么如此智慧""我为什么能写出如此好书"以及"我为什么是命运"等等。这本书的副标题是"人如何成其所是"，该短语取自公元前5世纪品达的一首皮托颂歌*，品达诗篇中的意思是，"成为你所是的自己"（另参见《快乐的科学》，格言270）。然而，在此书的序言和其他地方，尼采强调和论述的问题重点变成了他是"谁"。尼采告诉我们，他是狄俄尼索斯的门徒——狄俄尼索斯应该被理解为一名哲学家（参见《善恶的彼岸》，第295节）——并且，尼采说，他自己宁愿做一个有情欲的人（一个森林之神萨蒂尔），而非一个圣徒。尼采表示，尽管他是一个宣扬超越善与恶哲学的非道德主义者，但他并不是一个道德怪物。他的著作并不以改善人性为要务，并且，他也没有树立新的偶像（在尼采那里，偶像是"理想"的同义词）。他致力于揭露理想的"谎言"，他希望人性能赢得"通往未来的崇高权利"。我们可以这样来理解，

---

* 即品达的代表作《皮托竞技胜利者颂歌》，取名来源于希腊神话中的皮托竞技会。

当尼采以这种方式说起他自己时,他其实是正在与自己交战,也正与他这一新教导将留给未来读者的复杂遗产较量:我们必须放弃如此众多的事情,然而,我们仍还是必须相信如此众多的东西;我们必须放弃自己的理想,而我们又还要重新为自己设定新的目标和理想,并会为此更加严厉地对待自己。的确如此,我们现代人不得不比以往任何人类都对自己更严厉。

尼采对狄俄尼索斯的欣赏,再次出现时是在他的晚期著作中。在《偶像的黄昏》中题为"我所欠古代人的"一节中,狄俄尼索斯被视为一种信仰,在这种信仰中,"生命中最深刻的本能",也即渴望生命的未来和永恒的本能,被以一种宗教的方式呈现出来。在狄俄尼索斯的奥秘中,我们有可能找到"生命的永恒回归",在那里,未来在过去中成圣(consecrated),生命超越了死亡和变化,赢得了大获全胜的肯定。尼采在后来指出,他第一本出版的书《悲剧的诞生》,对基督教保持了沉默。他认为,这种沉默既是一种谨慎行为,也展示了一种敌视态度。实际上,只有在他后期的作品中,尼采才最终将狄俄尼索斯和被钉上十字架者相比较,认为前者是后者彻底和最终的对立面。《瞧，这个人》的最后结束语是："人们理解我的意思了吗？狄俄尼索斯反对被钉上十字架者。"尼采认为，他们两者之间的差异是人们对他们殉道意义之理解上的差异。在基督教中，被钉上十字架的人一般被描述为清白无辜的人，基督教视受苦为存在的对立面，它是通往圣洁生活的必经之道。而在另一种狄俄尼索斯的情况下，"存在本身被认为是足够神圣的，它甚至可以为极大苦难的存在提供正当合理性"。被钉在十字架上的神是"生命的咒诅"，是人们寻求救赎的路标，而被撕成了碎片的狄俄尼索斯，则"是生命的应许：这种应许，将从其毁灭中永恒地重生并再次回归"（《权力意志》，第1052节）。关于狄俄尼索斯，这是一个肯定的概念，但其中也包含一个彻底的否定：否定被钉上十字架者和基督教的道德伦理。所以，《瞧，这个人》最后三节，每一节的结尾都是这句话："人们理解我的意思了吗？"基督教常常因很多原因饱受人们的指责和诟病：因为它是"撒谎意志"的最恶意的形式；因为它"反自然"的道德观；因为它发明了灵魂以毁灭身体；因为它打着改善人类的神圣幌子而行汲取生命的养分之实（"道德是一种吸血鬼主义"）；等等，不一而足。尼采认为，他自己就是命运，因为他认为自己揭掉了基督教道德的神秘面纱，这是一场无可比拟的事件，也是一次"真正的灾难"。

尼采告诉我们，促使他写《瞧，这个人》的原因是，他渴望阻止人们对他的作品妄加揣测，所以，他会通过亲自告诉读者他是谁来做到这一点。但是，尼采自己的证词又有多可靠呢？诚然，他在《瞧，这个人》中刻画的自我肖像是错综复杂、多面且令人困惑不解的。一方面，我们被命运发出的声音所震撼（例如，"有朝一日，人们回忆起阴森可怕的事情来，就会联想起我的名字——那是关于世界上一场史无前例的危机的可怕回忆"），这是一种预言之声，预测了即将发生的巨大而恐怖的事情："将会发生那种我们在这个地球上从未见过的几次战争。"而另一方面，尼采的这种命运之声也专注于我们琐碎的生活，它会建议我们应该吃些什么、喝些什么（比如，人们要避免喝咖啡，因为咖啡会使人感到沮丧；喝茶是可以的，但只有在早晨喝茶才会有益；等等，不一而足）。尼采建议我们：要采取一种睿智和自卫的方式，那将会使我们能尽可能少地与他人和环境接触；不要读太多的书，只需要看几本自己所珍视的就够了（他还说，在早晨的清新时刻读书，是一件很危险的事情）；要避免成为那种学者，除了做图书的搬运工之外一无所知，最终，他们也会失去自我思考的能力，只知道随着环境的刺激而有所反应；不要去阅览室读书；尽可能少坐着，不要相信任何想法，除非它们是在可以自由移动的户外的自由空气里诞生的；如果人们有机会成为自己所是的人，那就一定要对自己自私一点；要把莎士比亚当作一个大丑角来看待；哈姆雷特其实是这样的一个角色，他并不是被"疑惑不解"，而是被"确定无疑"给弄疯的。

尼采的一位评论家彼得·斯洛特戴克，指控尼采在《瞧，这个人》中沉溺于一种自我中心式的自我诡辩逻辑。根据斯洛特戴克的说法，尼采也被他自己所定义的"伟大之物的仇恨"（the rancor of greatness）所伤（《瞧，这个人》，"查拉图斯特拉如是说"，第5节）。斯洛特戴克这样来理解伟大之物的仇恨，它是一种不愉快的强迫（unhappy compulsion），人们想要站在自己正在做的事情的背后来看清一切，从而使得人们将对自我不间断的怀疑转变成了自发之事和被铭记之物。从尼采的理解方面来看，人们想要使自己的伟大与他的个人自我（personal ego）重聚，需要付出很多的努力，而这种努力又将会扼杀伟大之物。在斯洛特戴克看来，尼采正在进行一种非常自我的自我评价，而其评价对象是属于非自我性（non-egoistical）的创作过程。不可否认，尼采在心理学方面极具智慧，但他还是不断地掉入一个心理窠臼当中，也即，他也希望受到表扬和被人珍视。或者也可以说，因为尼采的同时代人未能发现他的天才，所以尼采因这一失败而开始孤芳自赏起来。也因此，尼采不断地进行自我压榨，一次次地滥用自己的生命活力和智性能力："他的新思想一直被最古老的价值体系所吞噬，而他死去的自我对于自我评价的强迫，总是会大肆盛行起来，而其盛行又挫败了所有关键性的努力。"[17]尽管斯洛特戴克的见解有其建设性意义，对我们认识《瞧，这个人》中尼采的作者身份方面可能有益，但它没能把握住这本书作者的真正复杂内涵。

这本书的另外一名读者阿兰·巴迪欧认为，尼采作为哲学家的这一事件,在其疯狂的标志下,既成功实现了,也自行消亡了。当然,我们都知道,尼采最终疯了。然而,对巴迪欧而言,他所讨论的疯狂,其本质不仅仅是指生理上的大脑疾病,而是指哲学上的狂妄自大。巴迪欧认为,在尼采变疯的案例中,这其实是"反哲学"(anti-philosophy)所遇到的艰难困境。在读到任何关于尼采的诡辩论和他对于启示录式的咒语的偏好时,巴迪欧都是这样来为尼采辩护的。在迄今为止批判尼采的大背景下,这尤其盛行在某些哲学领域内,巴迪欧无疑将对尼采的阐释往前推进了一大步。这也是海德格尔和欧根·芬克*等人对尼采思想的阐释。他们都认为,尼采试图通过重新评估一切价值来克服西方世界的形而上学和道德。但是,他的这一努力命途多舛,有被其尝试所推倒的东西重重扼制住甚至是倾覆的可能。然而,对巴迪欧而言,尼采著作中的新思想这一事件,并不是一场超越与克服,而是一种行动,是一种开创性的突破壮举。

---

* Eugen Fink,德国哲学家,其博士导师为著名哲学家胡塞尔和海德格尔,研究课题为"当下化与形象:非实在之现象学研究"。

实际上，在《瞧，这个人》这本书中，尼采始终在两个论断之间来回摇摆。其中一个论断是，通过真诚来实现对道德的自我克服；另一个是宣扬"狄俄尼索斯反对被钉上十字架者"，这无疑是给这个世界画上了一个休止符。就在《瞧，这个人》这本书的同一页上，尼采还宣称，他不是一个人，而是一包炸药。他还说，他可能是个丑角，并认为，重估价值的任务需要全人类专注地奉献自己，以便他们能在行动上成为至高无上的自己（a supreme coming-to-itself）（"为什么我是命运"，第1节）。尼采坚称，他不是某个新宗教的创教者，而且，他也不需要任何门徒。我们似乎听到的是这样一种尼采的声音，他渴望人们能质疑其思想的权威，并最终能克服掉这种权威性。但是，很难否认的一点是，事实上在尼采的最后几本著作中，他的语调确实有宗教性的冲动和煽动性的狂热驱动。

对巴迪欧而言，尼采最后亲笔签署的"狄俄尼索斯反对被钉上十字架者"创立了一种有独创性的政治（而且，其哲学思想从属于这一政治思想，甚至因之而牺牲）。巴迪欧表示，这种政治的问题在于，它无法分辨出真实的东西与预言之物之间的差别。这一事件只是在宣扬它自身，也正因为此，它被困在自己玄幻的宣言中而无法超脱。在这本书中，尼采告诉了我们他是谁，并为此做证。但是在现实中，又有什么能够为尼采宣告和颁布之事的真实性来提供保证呢？尼采没有意识到，政治会利用这一事件作为其生存条件；与此相反，尼采也只是在其理论思考中理解了这一新事件，因而，这一新事件也就无法分辨其真实或有效的现实与其自我宣言之间的差距。巴迪欧认为，尼采一直存留着一个幻想，即，他构想了一个旧世界、创立了一个新世界。巴迪欧对于尼采思想中幻想性元素的担心，与露·萨洛梅不谋而合，后者在1894年就对此进行了极为敏锐和有洞见的阐释，并首次表达了此种担忧。对萨洛梅来说，尼采的整个人生经历可以归纳为，在思想中病倒，接着再从思想中逐渐好转。尼采的独特性——他的悲剧性和他的显赫之处——都在于，他把自己变成了宇宙中人的典范。在其后来的人生中，萨洛梅喜爱弗洛伊德超过了尼采。这是因为，对清醒的理性主义的偏爱战胜了对过分质疑的绝望英雄主义的爱，这种英雄主义要求我们放弃任何具有侵略性的愿望和冲动，不要试图去改变、说服与教导他人。

总而言之，关于尼采的思想观点和他的思想遗留给我们的具体任务，该怎么去总结呢？我想，最重要的一点是，我们必须学会去区分尼采思想中截然不同的两类思想：在智性上成熟的思想和属于哲学幻想的那部分思想，只是对于前者，我们才要进行真正的探讨与挑战。

以康德哲学为开端，现代性的基本任务是，发展完善和确保人类知识走向智性上的成熟（intellectual maturity），尼采对此做出了重大的贡献。在尼采的著作中，我们可以看到，他为这项事业付出了艰苦卓绝的努力，并对其中必须要解决的问题有着深刻的清醒认识。但是，尽管尼采严厉批判康德思想中对于形而上学的依赖和遗留问题，他本人也并没有完全放弃哲学所标榜的主张，也即，哲学通过创造新的价值并获得宣布"因而它必当如是！"（thus it shall be！）的特权来进行立法（《善恶的彼岸》，第211节）。尼采主张通过新的繁衍和拣选原则来最终解决人类动物的发展问题，他的这一尝试过多地取决于形而上学的考量和推测（这在权力意志、超人和永恒回归等思想的后期变形中，更加显而易见）。我们不仅会遭受来自形而上学方面的痛苦；而且，尼采的大部分思考都集中在这种痛苦之上，这就导致了，他所计划要克服的形而上学，仍然完全处于形而上学的病态掌控之中。不过，尼采对人类物种的复杂特性进行了细致的分析，并且，他试图加深我们对人类存在可能性的理解。这些方面的努力，仍然都是他思想中最具挑战性和最有启发性的。当然，在尼采的后期著作中，他关于改变人类和改变这个世界的崇高"理想"，也呈现出了一种离奇怪诞的形式，展现出了一种愤世嫉俗的天真幼稚。尽管尼采以颇具启发性的方式仔细审视了人类身上所具有的一些病理学特征，但他很少关注影响和形塑了人类病理性特征的那些社会结构和经济现实。尼采对资本主义的反对，从严格意义上来说，也颇具浪漫主义色彩。他最终的政治构想，也缺乏一种社会变革和文化转型上的可靠远见。从很多关键性的方面来讲，尼采仍然是一位理想主义者和伦理道德家。因而，他的思想也只能指引我们至此了。

附 录

以下这条格言包含了尼采作品中有关上帝之死的首次陈述。读它就像是遭遇弗朗茨·卡夫卡的寓言一样——它们极其相似。[18] 卡夫卡是20世纪的文学家，他是尼采的忠实读者，并受到其思想的启发。其他受惠于尼采的作家还包括：乔治·巴塔耶、戈特弗里德·贝恩、阿尔贝·加缪、安德烈·纪德、赫尔曼·黑塞、D.H.劳伦斯、安德烈·马尔罗、托马斯·曼、让-保罗·萨特、萧伯纳和叶芝。

  囚犯。——一天早晨，一群囚犯进入到其工作场所：看守却神秘失踪了。一些囚犯立即开始工作，如其天性使然；也有其他一些囚犯正无所事事地站着，目中无人地四处张望。然后，有一个人走上前，大声说："尽你所能地工作，或者无所事事啥也不干：这两种情形，都是一样的。于是，你内心的隐秘计策已经昭然暴露，因为，监狱看守一直在窃听你说话，在接下来的几天里，他将会对你做出可怕的判决。你很了解看守，知道他很苛刻，睚眦必报。但是，现在请你注意：迄今为止你都误解了我：我远非看上去所是的样子，而是有更多的身份：我是监狱看守的儿子，我对他来说就意味着一切。我可以救你，我会救你的。但是，请你注意，只有那些相信我是监狱看守儿子的人，才会最终被救。其余的人，可以尽情享用他们不信的恶果。"——"那么，好吧，"一位沉默了片刻的老囚犯说，"不管我们相信不相信你，这对你又有什么区别呢？如果你确实是他的儿子，并且可以做到你所说的一切，那么，请为我们所有人都说上一句好话：如果你真的能这样做，那你真是太好了。但是，别提这种信不信的话题吧！"——"还有，"一个年轻的男子插话说，"我不相信他：这只是他脑海中一时冒出的一个想法而已。我敢打赌，一周之后，我们还是会像今天一样，在这里待着，而监狱看守对这一切一无所知"。——"如果他过去确实知道某事，那他以后却再也不会知道了。"囚犯中的最后一个人说道，他刚刚才走进院子里；"就在刚才，监狱看守突然就死掉了。"——"噢啦！"有几个人一起狂喊了起来，"噢啦！儿子！儿子！他的遗嘱是怎么说的？也许，我们现在是属于你的囚犯了？"——"我已经告诉过你"，他们与之交谈的那个人，仍静静地回答道，"我将拯救所有相信我的人，就像我的父亲仍然活着一样"。——囚犯们这次没有笑，他们只是耸了耸肩，留下他一个人站在那里。

——《漫游者和他的影子》，格言84

注 释

1. Eugen Fink, *Nietzsche's Philosophy* (1962), trans. Goetz Richter (London and New York, Continuum Press, 2003), p. 20.
2. 康德在《纯粹理性批判》中写道:"我赋予超验性的所有认识,与其说是客体本身所占有的认识,不如说是我们自身对客体的认识,因为这种认识模式可能是先验的。"
3. Clement Rosset, *Joyful Cruelty: Toward a Philosophy of the Real*, trans. D. F. Bell (Oxford University Press, 1993), p. 49.
4. 摘自尼采1873年夏秋季的"关于真理的禁欲主义"的笔记,参见: F. Nietzsche, *Unpublished Writings from the period of Unfashionable Observations*, trans. Richard T. Gray (Stanford University Press, 1995), pp. 190ff. 另外,《论真理的感染力》的论文,参见: F. Nietzsche, *Philosophy and Truth: Selections from Nietzsche's Notebooks of the early 1870s*, trans. Daniel Breazeale (Humanities Press, 1979), pp. 61—69.
5. 尼采用来表示认识的德语单词是"erkenntnis",该词表示可以被认知和重新被认识的事物,因此也可以译作"熟悉"。有关尼采强调的未知事物的重要性,参见《快乐的科学》,格言374。
6. Paul-Laurent Assoun, *Freud and Nietzsche*, trans. Richard L. Collier, Jr (Continuum Press, 2000).

7. 例如，在普鲁斯特的小说《追忆逝水年华》中，前期出现的玛德琳蛋糕的插曲与后期祖母的死亡之间形成了对比。请参阅小说中题为"序曲"和"心脏的间歇"的相关章节部分。

8. 作为一个积极过程的遗忘概念，在19世纪的心理学中广为流传，例如，在尼采所熟悉的德国哲学家和心理学家约翰·弗里德里希·赫尔巴特（Johann Friedrich Herbart, 1776—1841）的著作中，就有相关的表述。

9. Kathleen Marie Higgins, *Comic Relief: Nietzsche's Gay Science* (Oxford University Press, 2000), p. 85.（然而，她并没有阅读《快乐的科学》中的格言339。）

10. 尼采曾使用了两个词来定义这一学说：一个是"ewige Wiederkehr"，被译为永恒回归，另一个是"ewige Wiederkunft"，可译为永恒复归（参阅《偶像的黄昏》中"我向古人致敬"的章节部分，第4和第5节）。前一个"Wiederkehr"与"kehren"（掉转回头）相联系，而后者"Wiederkunft"则对应于"kommen"（来临）一词。当谈到基督的第二次降临时，德语中一般使用"Wiederkunft"这个词（尼采也清楚地意识到这一点，参阅《反基督》，第41节）。

11. *Kritische Studienausgabe*, ed. Giorgio Colli and Mazzino Montinari (Berlin and New York, Deutscher Taschenbuch Verlag and Walter de Gruyter, 1967—1977 and 1988), volume 9, 11 [163]. pp. 504—505.

12. 这一文稿的全译本参见: K. Ansell Pearson and D. Large, *The Nietzsche Reader* (Basil Blackwell, 2005)。它也可以在德语原版中找到: *Kritische Studienausgabe*, volume 9, 11 [141], pp. 494—495。

13. 同上，11[143], p. 496。尼采在其1881年的一些草稿笔记中，显然将永恒回归看作是一种重复的教学（Wiederholung）。例如，可参见: *Kritische Studienausgabe* 9, 11 [165], p.505。

14. 这个法则困扰了一些伟大的思想家，其中就包括怀特海，他在代表作《过程与实在：宇宙论研究》（*Process and Reality: An Essay in Cosmology*, 1927）中这样写道："短暂尘世的终极邪恶要比任何特定的恶都还要坏。它体现在，过去的时光消逝无踪，而时间总是处在'永恒的消亡'之中。"

15. 这本笔记最近刚出版，是第一次以其修正过的形式用英文出版。*Nietzsche. Writings from the Late Notebooks*, ed. Rüdiger Bittner (Cambridge University Press, 2003), pp. 116—123.
16. Nietzsche, *Writings from the Late Notebooks*, p. 124.
17. Peter Sloterdijk, *Thinker on Stage: Nietzsche's Materialism*, trans. Jamie Owen Daniel (University of Minnesota Press, 1989), pp. 44—45.
18. 吉尔·德勒兹强调,"此文本与弗朗茨·卡夫卡的著作之间产生了一种神秘的共鸣"。参阅德勒兹的论文:"Nietzsche" in Deleuze, *Pure Immanence: Essays on a Life*, trans. Anne Boyman (New York, Zone Books, 2001), p. 101.

年 表

1844 年　10 月 15 日，弗里德里希·威廉·尼采出生于萨克森州的洛肯，是卡尔·路德维希和弗朗西斯卡·尼采的儿子。他的父亲和祖父都是新教的牧师。

1846 年　妹妹伊丽莎白出生。

1849 年　弟弟约瑟夫出生；父亲因摔倒后发生"脑软化"而死亡。

1850 年　弟弟死亡；举家搬到瑙姆堡。

1858—1864 年

在著名的寄宿学校普弗塔上学，尼采在古典学课程中表现优异。

1864 年　进入波恩大学学习神学和古典语文学。

1865年　尼采跟随他的古典学教授来到莱比锡大学学习，在那里，他放弃了神学，继续进行古典语文学的研究。发现叔本华的哲学思想。

1867—1868年

在瑙姆堡服兵役，骑马事故发生以后，被免去了兵役。

1868年　回到莱比锡，初次见理查德·瓦格纳，并迅速成为其崇拜者。尼采对语文学的不满与日俱增，并计划去巴黎学习化学。

1869年　被任命为巴塞尔大学古典语文学的特聘教授。免试获得博士学位；放弃普鲁士公民身份资格，申请瑞士公民身份，但并没有成功（因为他不满足必要的居住资格条件，此后，尼采在一生中都是无国籍人士）。在卢塞恩湖畔的特里布森，开始对瓦格纳进行一系列田园诗般的访问。

1870年　晋升为正教授，并以"希腊的音乐-戏剧"为主题进行了公开演讲。在普法战争中，做了一名医护志愿者，但在前线的两周之内，他就感染了痢疾和白喉。和瓦格纳一起过这一年的圣诞节。

1871年　努力创作《悲剧的诞生》。德国统一；德意志帝国建立。以"恢复身体健康"为由，尼采第一次请假离开他所在的大学，获得批准。

1872年　发表《悲剧的诞生源于音乐精神》。做了《关于我们教育机构的未来》的讲座报告；受邀参加拜罗伊特假日剧院的奠基仪式。

1873年　发表第一篇《不合时宜的沉思：论忏悔者和作家大卫·施特劳斯》。

1874年　发表第二篇和第三篇《不合时宜的沉思：论历史学对生活的利与弊》及《不合时宜的沉思：论作为教育家的叔本华》。与瓦格纳的关系开始恶化；8月份，对瓦格纳进行了最后一次私人拜访。他们将近两年没有见面了。

1875年　遇见音乐家海因里希·科塞里茨（化名彼得·加斯特），后者崇拜尼采并成为他的门生。参加黑森林地区的一家疗养中心的水疗，寻求治疗剧烈头痛和呕吐的良方。

1876年　发表第四篇也是最后一篇《不合时宜的沉思：论在拜罗伊特的瓦格纳事件》。参加了第一届拜罗伊特节，但随后很快离开，与瓦格纳的关系决裂。病情进一步加剧；获得了巴塞尔大学整整一年的病假。

1878年　　出版《人性的，太人性的：一本献给自由精神的书》，此书证实了与瓦格纳的正式决裂。

1879年　　出版《人性的，太人性的：观点什锦及格言》。最终尼采从巴塞尔大学退休，获得退休年金。初次去往瑞士的恩加丁地区，在圣莫里茨游览和度夏。

1880年　　出版《漫游者和他的影子》。第一次住在威尼斯和热那亚。

1881年　　出版《朝霞：关于道德偏见的思考》。第一次住在锡尔斯－玛利亚地区。第一次观看乔治·比才的《卡门》，并将其视为与瓦格纳对立的榜样。

1882年　　出版《快乐的科学》。迷恋露·安德烈亚斯－萨洛梅，她拒绝了尼采的求婚。

1883年　　出版《查拉图斯特拉如是说：一本为人人又不为任何人所作的书》，第一部分和第二部分分别出版。瓦格纳去世。在接下来的五年里，尼采在锡尔斯度夏，在尼斯过冬。尼采不断地被写作消耗精力。

1884年　　出版《查拉图斯特拉如是说》的第三部分。

1885年　　《查拉图斯特拉如是说》的第四部分付梓，但只在少数几位朋友中流传。

1886 年　　出版《善恶的彼岸》。

1887 年　　出版《论道德的谱系：一篇论战檄文》。

1888 年　　尼采开始受到公众的认可：格奥尔格·勃兰兑斯在哥本哈根做了一系列关于尼采著作研究的讲座。尼采发现了都灵这座城市，在那里，他完成了《瓦格纳事件：一个音乐家的问题》。并快速连续地完成了以下著作：《偶像的黄昏，或如何用锤子来做哲学》(首次出版于 1889 年)；《反基督：对基督教的诅咒》(首次出版于 1895 年)；《瞧，这个人——人如何成其所是》(初版发表于 1908 年)；《尼采反对瓦格纳：一个心理学家的文献档案》(首次出版于 1895 年)；《酒神赞歌》(首次出版于 1892 年)。

1889 年　　1 月 3 日，尼采在都灵精神崩溃，最终进了耶拿的疗养院。《偶像的黄昏》于 1 月 24 日出版，这是在他精神崩溃后出版的第一本新书。

1890 年　　在瑙姆堡，由母亲照顾。

1894 年　　妹妹伊丽莎白在瑙姆堡建立了尼采档案馆（两年后将其转移至魏玛）。

1895 年　　出版了《反基督》和《尼采反对瓦格纳》。伊丽莎白成为尼采著作版权的所有者。

1897年　母亲去世；伊丽莎白将哥哥尼采转移至魏玛。
1900年　8月25日，尼采在魏玛与世长辞。

进阶阅读建议

长期以来，尼采著作的主要出版商是企鹅经典系列和兰登书屋的古典书系，但是目前，剑桥大学出版社和牛津大学出版社也推出了多个版本的尼采文本。斯坦福大学出版社也正在陆续推出直接从德语原版翻译来的英译本：*Nietzsche's Complete Works* prepared by Giorgio Colli and Mazzino Montinari。Christopher Middleton 编撰的 *Selected Letters of Friedrich Nietzsche*（Hackett 1996）是目前收录尼采书信的最好英文译本。

以下提到的一些研究著作或文本，将会深化读者对尼采早期哲学思想的理解：

Philosophy and Truth: Nietzsche's Notebooks

from the Early 1870s, ed. and trans. Daniel Breazeale,（Humanities Press, 1979）.

Philosophy in the Tragic Age of the Greeks（1873, but not published by Nietzsche）, trans. Marianne Cowan（Regnery 1998）.

The Will to Power（trans.Walter Kaufmann and R.J.Hollingdale, Random House, 1967）,这本书其实不是尼采本人计划内的鸿篇巨制,而是尼采在1883—1888年间的诸多笔记的汇总集合。在他去世以后,尼采档案馆的一些成员将其集结出版,其中就包括彼得·加斯特、尼采的妹妹等,后者负责主导出版事项。这本书,无论是内容顺序,还是标题,都并非出自尼采本人,而且容易给人一种错误的印象,认为"权力意志"是尼采思想成熟时期的核心观点。其实,尼采构想的权力意志试图对所有事件进行新的阐释。而在此前出版的著作中,仅有两处用方法论上的术语提及了关于权力意志的理论（《善恶的彼岸》,第36节;《论道德的谱系》第二篇论说文,第12节）。

更为值得信赖的尼采的一系列笔记最近已经

在剑桥大学出版社出版,该笔记的时间严格限定在1885—1888年期间,即 Nietzsche: Writings from the Late Notebooks, ed. Rüdiger Bittner(Cambridge University Press, 2003)。

想了解更多有关这一时期尼采的笔记,参见 Mazzino Montinari 关于这一主题的论文,收录在他那本同样不可或缺的研究著作中: Reading Nietzsche (1982), trans. Greg Whitlock(University of Illinois Press 2003)。

对于此前不熟悉尼采的读者,有必要介绍一下"二战"以后尼采的两位英语译者,阅读他们的译本是认识尼采的良好起点: R. J. Hollingdale, Nietzsche: The Man and his Philosophy(Cambridge University Press, 1999); Walter Kaufmann, Nietzsche: Philosopher, Psychologist, and Antichrist(Princeton University Press, 1974, fourth edition)。

关于尼采的两本最新英文传记: Curtis Cate, Friedrich Nietzsche(Hutchinson, 2002); R. Safranski, Nietzsche: A Philosophical Biography(Norton & Co., 2002)。

Lesley Chamberlain, *Nietzsche in Turin: An Intimate Biography*(St Martin's Press, 1999), 这本书我也想推荐给读者。

关于尼采和他妹妹之间的有关议题, 可参阅: Heinz Frederick Peters, *Zarathustra's Sister: The Case of Elisabeth and Friedrich Nietzsche*(Markus Wiener Publications, 1985); Carol Diethe, *Nietzsche's Sister and the Will to Power: A Biography of Elisabeth Förster-Nietzsche*(University of Illinois Press, 2003)。

想了解更多关于萨洛梅的内容, 可参阅: Angela Livingstone, *Salomé: Her Life and Work*(Moyer Bell, NY, 1984)。萨洛梅写的关于尼采研究的书是: Lou Salomé, *Friedrich Nietzsche: The Man in His Works*, trans. Siegfried Mandel(Black Swan Books, 1988), 这本书于1894年首次出版, 至今仍然值得一读。

Eugen Fink, *Nietzsche's Philosophy*(1962), trans. Goetz Richter(Continuum Press, 2003), 这本书是关于尼采思想的精彩导读本, 囊括了尼采思想的发展, 也是目前为止有关尼采的最为出色的研究; 在我读

过的所有关于尼采的著作中,这本书是我最为欣赏和钦佩的。

关于尼采的重要而具有开创性的研究成果,还有: Gilles Deleuze, *Nietzsche and Philosophy* (1962), trans. Hugh Tomlinson (Athlone Press, 1983); Michael Haar, *Nietzsche and Metaphysics* (1993), trans. Michael Gendre (State University of New York Press, 1996); Martin Heidegger, *Nietzsche* (1961), trans. David Farrell Krell et al. (Harper & Row, 1982; four volumes); Karl Jaspers, *Nietzsche: An Introduction to his Philosophical Activity*, trans. Charles F. Wallcraft and Frederick J. Schmitz (University of Arizona Press, 1965); Pierre Klossowski, *Nietzsche and the Vicious Circle* (1969), trans. Daniel W. Smith (Athlone Press, 1997); Karl Löwith, *Nietzsche's Philosophy of the Eternal Recurrence of the Same* (1978), trans. J. Harvey Lomax (University of California Press, 1997); Wolfgang Müller-Lauter, *Nietzsche. His Philosophy of Contradictions and the Contradictions of his Philosophy*

(1971), trans. David J. Parent (University of Illinois Press, 1999); Georg Simmel, *Schopenhauer and Nietzsche* (1907), trans. Helmut Loiskandl et al. (University of Massachusetts Press, 1986)。

关于本书十章里所涉及的主题,我有以下推荐书单。有关如何理解《悲剧的诞生》,推荐两本书:James I. Porter, *The Invention of Dionysus: An Essay on* The Birth of Tragedy (Stanford University Press, 2000); Peter Sloterdijk, *Thinker on Stage: Nietzsche's Materialism*, trans. Jamie Owen Daniel (University of Minnesota Press, 1989)。

关于尼采的道德完美主义思想,参见:Stanley Cavell, *Conditions Handsome and Unhandsome: The Constitution of Emersonian Perfectionism* (University of Chicago Press, 1990); Daniel W. Conway, *Nietzsche and the Political* (Routledge, 1997)。

有关哈贝马斯对尼采影响力的批判研究,可参见:*The Philosophical Discourse of Modernity*, trans. Frederick Lawrence (MIT Press, 1987)。

关于尼采对加缪的影响，我特别推荐 *The Rebel*, trans. Anthony Bower (Penguin, 1971)。

关于尼采对福柯的影响，可参见福柯自己的论文："Nietzsche, Genealogy, and History", in M. Foucault, *Language, Counter-Memory, and Practice: Selected Essays and Interviews* (Cornell University Press, 1977), pp. 139—165); 福柯的著作: *The Order of Things* (Routledge, 1992)。

关于尼采哲学中"上帝已死"的研究，可参见: René Girard, "The Founding Murder in the Philosophy of Nietzsche", in Paul Dumouchel, *Violence and Truth: On the Work of René Girard* (Athlone Press, 1988), pp. 227—247; Martin Heidegger, "The Word of Nietzsche: 'God is Dead'", in Heidegger, *The Question Concerning Technology and Other Essays*, trans. William Lovitt (Harper & Row, 1977), pp. 53—115。

对尼采关于真理问题的最佳评论，可参阅: Alenka Zupancic, *The Shortest Shadow: Nietzsche's Philosophy of the Two*（MIT Press, 2003）; Jean-Luc Nancy, "'Our Probity!' On Truth in the Moral Sense in Nietzsche", in Laurence A. Rickels (ed.), *Looking After Nietzsche* (State University of New York Press, 1990), pp. 67—89。

我在本书第六章中对《快乐的科学》的格言 339 进行了解读，尽管我对此条格言的理解在许多方面都与 William Beatty Warner 的理解有所不同，但他书中的出色解读还是对我理解尼采的思想大有裨益，参见：*Chance and the Text of Experience: Freud, Nietzsche, and Shakespeare's* Hamlet（Cornell University Press, 1986）。

关于尼采的永恒回归思想，最有见地的解读可见于：Howard Caygill, "Affirmation and Eternal Return in the Free-Spirit Trilogy", in K. Ansell Pearson (ed.), *Nietzsche and Modern German Thought*（Routledge, 1991）, pp. 216—240。卡维尔对永恒回归思想的富有创造性的运用，参见：S. Cavell, *Pursuits of Happiness: The Hollywood Comedy of Remarriage*（Harvard University Press, 1981）；吉尔·德勒兹对这一思想的

研究,详见: G. Deleuze, *Difference and Repetition*, trans. Paul Patton (Athlone Press, 1994); 另外可参阅米兰·昆德拉的小说: *The Unbearable Lightness of Being*, trans. Michael Henry Heim (Faber & Faber, 1984)。

关于《查拉图斯特拉如是说》的研究,可参见: Heidegger, "Who is Nietzsche's Zarathustra?", in David B. Allison (ed.), *The New Nietzsche* (MIT Press, 1985), pp. 64—80; Heidegger, *What is Called Thinking?*, trans. Fred D. Wieck and J. Glenn Gray (Harper & Row, 1968); Carl G. Jung, *Seminars on Nietzsche's "Zarathustra"* (1934–1939) (Princeton University Press, 1998); Deleuze's *Nietzsche and Philosophy*。

关于虚无意志和禁欲主义理想的研究,可参见: Christopher Janaway (ed.), *Willing and Nothingness: Schopenhauer as Nietzsche's Educator* (Clarendon Press, 1998), 特别是收录其中的编者自己的论文; Charles E. Scott, *The Question of Ethics: Nietzsche, Foucault, Heidegger* (Indiana University Press, 1990)。

对《瞧,这个人》及尼采后期作品的研究,可参考:

Alain Badiou, "Who is Nietzsche？", trans. Alberto Toscano, in *Pli: The Warwick Journal of Philosophy*, 11（2001）, pp. 1—12; Gillian Rose, "Nietzsche's Judaica", in Rose, *Judaism and Modernity*（Basil Blackwell, 1993）, pp. 89—111; 上文提及的 Peter Sloterdijk 的作品; Paul Valadier, "Dionysus versus the Crucified", in David B. Allison, *The New Nietzsche*, pp. 247—262; Sarah Kofman, "Explosion 1: On Nietzsche's *Ecce Homo*", *Diacritics*, 24（Winter 1994）, pp. 51—70。

有关"成熟"如何在现代思想中发挥作用的洞见,参阅: David Owen, *Maturity and Modernity: Nietzsche, Weber, Foucault and the ambivalence of reason*（Routledge, 1994）。

关于尼采对20世纪的小说家产生的影响,很好的著作阅读起点是: Keith May, *Nietzsche and Modern Literature: Themes in Yeats, Rilke, Mann, and Lawrence*（Macmillan, 1988）。

20世纪90年代初，英国研究学者创立了"弗里德里希·尼采学会"，该学会每年举行一次会议，出版两次半年刊。它有一个实用的网站，上面也会提供关于尼采研究的其他网页的消息，网站地址是：http://www.fns.org.uk。

以下，也是尼采研究方面一些值得推荐的网址：

www.geocities.com/thenietzschechannel
www.dartmouth.edu/~fnchron
www.hypernietzsche.org

索引

（译名后的数字为原书页码，即本书边码）

Aeschylus 埃斯库罗斯 11
Anti-Christ 反基督 49
anti-Semitism 反犹主义 109
Apollo 阿波罗（日神）9—14
Apollonian, the 日神式的 10, 11, 14
Archilochus 阿基洛克斯 11
Aristotle 亚里士多德 10, 14
art 艺术
 Nietzsche's gratitude to 尼采的致谢 68
 and reality 与现实 69, 70
Aryan "master race" 雅利安"优等人种" 83
ascetic ideal 禁欲主义理想 47, 49, 94, 95, 97—100, 102

ascetic pries 禁欲主义的牧师 98, 99
atheism 无神论 35—36, 74
Avesta《阿维斯陀》142
"bad", the "恶" 103
Badiou, Alain 巴迪欧，阿兰 113
Basel 109 巴塞尔
 University of 大学 8, 15, 20, 109
Bataille, Georges 巴塔耶，乔治 119
Bayreuth 拜罗伊特 4
beauty 美 61—65, 67, 69, 70, 71, 89, 95, 100
Bedeutung 意义 96
Benn, Gottfried 贝恩，戈特弗里

德 119
Brandes, Georg 勃兰兑斯，格奥尔格 107, 109
breeding 养育 103
Buddha/Buddhism 佛陀/佛教 101
Burckhardt, Jacob 布克哈特，雅各布 109
Camus, Albert 加缪，阿尔贝 10, 119
capitalism 资本主义 116
Cavell, Stanley 卡维尔，斯坦利 8, 73
chance 机会 66—67, 69, 70
cheerfulness 愉悦 2, 5, 30, 33, 34, 36—39, 55, 57
chorus 合唱表演 11
Christ 基督 108
Christianity 基督教 110
　Christian morality 基督教道德 4, 36, 106, 111
　"Christian-moral hypothesis" "基督教—道德假说" 101
　and consolation 安慰 99
compassion 怜悯 59—60, 90, 100
conscience 良心 81, 90
consciousness 意识 53, 56, 57, 71
consolation 安慰 97, 99, 102
creation and destruction (asha and druj) 创造与毁灭 86

Crucified, the 被钉上十字架者 111, 113
cultural renewal 文化复兴 4, 15
Darwin, Charles: *The Origin of Species* 达尔文，查尔斯:《物种起源》22
death 死亡 12, 25, 26, 78, 90, 91
Deleuze, Gilles 德勒兹，吉尔 73, 83
demon (daimon) 恶魔 77—78, 79
desire 欲望 12
digestion 消化 53, 54, 57, 84
Dionysian, the 酒神式的 9, 10, 11, 14, 16, 17, 20, 23, 110
Dionysus 狄俄尼索斯（酒神）9—13, 17, 29, 105, 110, 111, 113, 114
dissolution (Auflösung) 消融 89
ecstasy 狂喜 16
Egypticism 埃及主义 26, 28
Emerson, Ralph Waldo 爱默生，拉尔夫·沃尔多 8, 59
energy 能量 12, 74
error(s) 错误 47, 67, 76
eternal return / recurrence 永恒回归/复归 5, 20, 29, 73—76, 78, 81, 86, 95, 101—104, 110, 115
Euripedes 欧里庇得斯 12
evil 恶/邪恶 21, 86, 88, 90, 101
evolutionary theory 进化论 22
fate 命运 67, 69—70

Fink, Eugen 芬克，欧根 113
forgetting 遗忘 5, 52, 53, 55, 56—57, 59
Forster-Nietzsche, Elisabeth (Nietzsche's sister) 福斯特—尼采，伊丽莎白（尼采的妹妹）109
Foucault, Michel 福柯，米歇尔 2, 24
Franco-Prussian War 普法战争 9
free spirit 自由精神 4, 22, 33, 34, 49, 74
free will 自由意志 21, 28
Freud, Sigmund 弗洛伊德，西格蒙德 21, 53, 92, 114—115
Gast, Peter 加斯特，彼得 20, 109
"gay science" "快乐的科学" 2, 32, 92
German culture 德国文化 15
Gide, André 纪德，安德烈 119
God 上帝 / 神 5, 28, 49, 97
  death of 之死 30, 31, 34—35, 37, 39, 92, 119
Goethe, Johann Wolfgang von 歌德，约翰·沃尔夫冈·冯 8, 108
"good", the 善 / 好的 102—103
good and evil 善与恶 86, 88, 90
Gospels《福音书》31
Greek tragedy 希腊悲剧 9, 11, 12, 15, 69

Groundhog Day (film) 《土拨鼠之日》（电影）73
guilt 罪责内疚 100
Habermas, Jürgen 哈贝马斯，尤尔根 16
happiness 幸福 95, 100
health 健康 58, 85
heaviest weight 至重 72, 74, 76, 80
Hegel, Georg Wilhelm Friedrich: *Philosophy of Religion* 黑格尔，乔治·威廉·弗里德里希：《宗教哲学》34
Heidegger, Martin 海德格尔，马丁 83, 113
Heiterkeit 那将会很有趣 36
Hesse, Hermann 黑塞，赫尔曼 119
Hippocrates 希波克拉底 3
Homer 荷马 9, 11, 77
humans 人类
  capacity to make promises 承诺的能力 53
  distinguished from animals 与动物的区别 66
  drive of 内驱力 / 动力 98—99
  the sick animal 患病的动物 94, 98, 103, 107
ideals of denial 否定的理想 95
incorporation (Einverleibung) 吸收 46, 53, 54, 64, 71, 76, 77

individuation 个性化 12, 13, 14, 16—17

Kafka, Franz 卡夫卡，弗朗茨 119

Kant, Immanuel 康德，伊曼努尔 10, 24, 28, 49, 115

 Critique of Judgement 《判断力批判》8

Kaufmann, Walter 考夫曼，沃尔特 1—2, 31, 32, 39

Kierkegaard, Søren 克尔凯郭尔，索伦 108

knowledge 知识/认识 5, 6, 16, 21, 22, 24, 25, 27, 28, 32, 34, 37, 38, 39, 41, 42, 44, 45, 46, 48—51, 54, 61, 62, 68, 74, 77, 84, 90, 96, 101

Kundera, Milan: *The Unbearable Lightness of Being* 昆德拉，米兰：《不能承受的生命之轻》73

Lange, Friedrich: *History of Materialism* 朗格，弗里德里希：《唯物主义的历史》8

language 语言 26, 27

Lawrence, D. H. 劳伦斯，D.H. 119

life 生活/生命
 aversion to 厌恶 95
 characteristics 特质 12
 disgust with 恶心 97—98
 love of 爱 38
 as a means to knowledge 是一种获取知识的手段 39
 peaks of 高峰 64, 66
 saying "yes" to 对……的"肯定" 71
 as a seduction and a temptation 是一种引诱和诱惑 63

"Lord Chance" "机遇之神" 66

Malraux, André 马尔罗，安德烈 119

Mann, Thomas 曼，托马斯 119

meaninglessness 无意义 103

memory 记忆 5, 53, 55, 56—57

metaphysics 形而上学 4, 28, 29, 103, 113, 115

moral world order 道德世界秩序 21, 36

morality 道德 87, 92, 113
 Christian 基督教的 4, 36, 106, 111
 old 旧 28, 29
 sublime 崇高 29

music 音乐 11, 15

Napoleon Bonaparte 拿破仑·波拿巴 108

nature 自然，本性 8, 11, 12, 13, 17, 35, 53

Nazism 纳粹主义 1, 83

Nietzsche, Friedrich Wilhelm 尼采，弗里德里希·威廉
 first philosophical essays 前几篇

哲学论文 8
ill-health 健康不良 9, 20
infamous letters 臭名昭著的信件 109
influences 影响 7—8
"life is a woman" claim "生活是女人"的论断 61, 62—63
literary figures inspired by 受其启发的文学家 119
madness 疯狂 113
Professor of Classical Philology at Basel 巴塞尔大学古典语文学教授 8, 15, 20
relationship with Rée and Salomé 与瑞和萨洛梅的关系 21—22, 85
in Turin 在都灵 108, 109
and Wagner 和瓦格纳 9, 15
Nietzsche, Friedrich Wilhelm: works 尼采, 弗里德里希·威廉的作品
The Anti-Christ《反基督》4, 40, 50, 102—103, 106
Beyond Good and Evil《善恶的彼岸》4, 25, 28, 32, 43, 45, 50, 51, 73, 91, 108, 110, 115
The Birth of Tragedy Out of the Spirit of Music《悲剧的诞生》4, 7—16, 20, 23, 37, 110

Daybreak《朝霞》4, 27
Ecce Homo《瞧，这个人》4, 6, 20, 22, 32, 39, 58, 59, 85—86, 87, 105—106, 108—114
The Gay Science《快乐的科学》4, 5, 30—40, 41—43, 45—46, 47, 50, 58, 59, 61, 64, 66, 68, 69, 70, 72—73, 75, 77, 79—81, 83, 89, 92, 95, 110
"Homer's Personality" (lecture)《论荷马的个性》(就职演讲) 9
Human, All Too Human《人性的, 太人性的》4, 18—19, 22—25, 36, 64
notebook on European Nihilism 论欧洲的虚无主义的草稿笔记 101, 102, 103
On the Genealogy of Morality《论道德的谱系》4, 17, 23, 24, 38—39, 47—49, 52—53, 58, 94—95, 98
"On the Pathos of Truth" "论真理的感染力" 43
Schopenhauer as Educator《论作为教育家的叔本华》37, 56
Thus Spoke Zarathustra《查拉图斯特拉如是说》4, 5, 17, 22, 50, 66—67, 69, 73, 82—84, 85, 87,

91—92, 93, 103
Twilight of the Idols《偶像的黄昏》4, 23, 26, 73, 106, 110
The Uses and Disadvantages of History for Life《论历史学对生活的利与弊》54
The Wanderer and His Shadow《漫游者和他的影子》25, 119—120
The Will to Power《权力意志》44, 111
Nietzscheanism 尼采主义 2
nihilism 虚无主义 2, 6, 9—10, 35, 39, 48, 90, 94, 95, 100, 101—102
Nirvana 涅槃 97
nothingness 虚无 / 无 6, 96, 97
Oedipus 俄狄浦斯 12
Overbeck, Franz 奥弗贝克，弗朗茨 59, 107, 109
philology 语文学 / 语言学 / 文献学 2, 3, 8, 9
Pilate, Pontius 彼拉多，本丢 108
Pindar 品达 11, 110
Plato 柏拉图 77
Platonism 柏拉图主义 26
positivists 实证主义者 28
principium individuationis 个性化原则 14
Prometheus 普罗米修斯 12

promises 诺言 53
psychology 心理学 21, 26
purification 净化 92
purpose 目的 21
reading well 好好理解 2, 3, 6
reality 现实
    deprived of value, meaning and veracity 丧失了价值、意义和真实性 106
    love of 之爱 68
    ungodly 邪恶的 61, 64, 70
reason 理性 / 理由
    categories of 类别 44
    providential 神圣 67
    scientific 科学的 28
redemption（*Erlösung*）拯救 13, 14, 88—89, 111
Rée, Paul 瑞，保尔 21, 85
    On the Origin of Our Moral Sensations《论我们的道德感的起源》21
    Psychological Observations《心理学观察》21
renunciation 舍弃 92, 93
resentment 怨恨 57
Rilke, Rainer Maria 里尔克，莱内·马利亚 21
Ritschl, Friedrich 里奇，弗里德里希 15

Sacrifice（film）《牺牲》（电影）73

Safranski, Rüdiger 吕迪格尔，萨弗兰斯基 109

Salomé, Lou 萨洛梅，露 21, 59, 85, 114—115

salvation 救赎 99, 104

Sartre, Jean-Paul 萨特，让—保罗 119

Schiller, Friedrich 席勒，弗里德里希 11

Schopenhauer, Arthur 叔本华，阿图尔 4, 10, 13, 14, 15, 35—36, 39, 96—97, 99

The World as Will and Representation《作为意志和表象的世界》8, 15

science 科学 16, 22, 23, 27, 28, 47, 48, 49, 62

secularisation 世俗化 74

selection 选择 103

principle 原则 54—55

self-denial 自我否定 97

self-knowledge 自我认识 96

self-love 自爱 49, 50

Shakespeare, William 莎士比亚，威廉 112

Shaw, George Bernard 萧伯纳 119

Silenus 西勒诺斯 9—10

Sils-Maria, Upper Engadine region, Switzerland 瑞士上恩加丁地区的锡尔斯—玛利亚 20, 76, 107

sin 罪过 100

Sinn 思想／意识／感觉／知觉／性情 96

Sloterdijk, Peter 斯洛特戴克，彼得 16, 112—113

socialisation 社会化 74

socialism 社会主义 74

Socrates 苏格拉底 9, 73, 77—78

solution（*Lösung*）解决方案 89

Sophocles 索福克勒斯 11

soul, the 灵魂，人 28, 36, 58, 61, 90, 99, 111

Spinoza, Baruch 斯宾诺莎，巴鲁克 20—21

Ethics III《伦理学》第三部 47

spirit of gravity 重压之魔 50

Strindberg, August 斯特林堡，奥古斯特 107

sublime, the 崇高 14—15, 28, 71

suffering 受难 12, 59—60, 93, 94, 96, 98, 100, 101, 111, 115

superman（*Übermensch*, overman）超人 2, 4, 5, 28, 29, 82, 83—84, 87, 88, 91, 103, 115

Taine, Hippolyte 丹纳，伊波利特 107

Tarkovsky, Andrei 塔可夫斯基，安

德烈 73
theodicy 神学 13
thermodynamics 热力学 73
time 时间
    disappearance of 的消失 84
    forms of 的形态 65, 67
    the law of 的法则 89
tragedy 悲剧 9, 11, 73
transfiguration 转化、变形 85
truth 真理, 真相 5, 41—47, 49, 77, 87
Turin 108, 109 都灵
unconscious 无意识 53, 57
ungodly reality 邪恶的现实 61, 64, 70
unveiling 揭开 61, 62, 64, 65—66, 68, 71
Upper Engadine, Switzerland 瑞士的上恩加丁地区 20, 95, 105
vanity 虚荣 90
veil, veiling 面纱, 遮掩 61, 63, 65, 67
"Vita femina" 生活是女人 5, 61, 66
Voltaire 伏尔泰 19
Wagner, Cosima 瓦格纳, 科茜玛 9, 109
Wagner, Richard 瓦格纳, 理查德 4, 9, 16, 19—20, 109
Wagnerian opera 瓦格纳歌剧 15

Wilhelm II, Kaiser 德国皇帝威廉二世 109
will, the 意志 6, 8, 14, 15, 26, 35, 89, 95, 96
    mortification of 意志的节制 95
    will to life 生命意志 97
    will to nothingness 虚无意志 95, 96, 100
    will to power 权力意志 25, 27, 28, 46, 103
    will to truth 真理意志 49
Williams, Bernard 威廉斯, 伯纳德 2
Yeats, W. B. 叶芝, W. B. 119
Zarathustra 查拉图斯特拉 73, 82—89, 91
Zoroaster 琐罗亚斯德 / 查拉图斯特拉 86
Zoroastrian religion 琐罗亚斯德教 75, 87